与幸福美丽的邂逅

幸福是一种客观生存状态，需要我们去创造；幸福更是一种主观心理体验，需要我们以感性的能力去发现。做一个幸福的教师，就要在平凡的生活中学会创造、学会发现，学会把教育当成自己参与生活、体验人生的重要途径。

YU XINGFU
MEILI DE
XIEHOU

何玉华／著

辽宁大学出版社
Liaoning University Press

图书在版编目（CIP）数据

　　与幸福美丽的邂逅/何玉华著. －沈阳：辽宁大
学出版社，2019.1
　　ISBN 978-7-5610-9549-2

　　Ⅰ.①与… Ⅱ.①何… Ⅲ.①中学教育－教育研究－
文集 Ⅳ.①G632.0-53

　　中国版本图书馆 CIP 数据核字（2019）第 003334 号

与幸福美丽的邂逅
YU XINGFU MEILI DE XIEHOU

出 版 者：辽宁大学出版社有限责任公司
　　　　　（地址：沈阳市皇姑区崇山中路 66 号　　邮政编码：110036）
印 刷 者：沈阳元亨印务有限公司
发 行 者：辽宁大学出版社有限责任公司
幅面尺寸：148mm×210mm
印　　张：7.75
字　　数：160 千字
出版时间：2019 年 1 月第 1 版
印刷时间：2019 年 1 月第 1 次印刷
责任编辑：王　健
封面设计：韩　实
责任校对：齐　悦

书　　号：ISBN 978-7-5610-9549-2
定　　价：36.00 元

联系电话：024-86864613
邮购热线：024-86830665
网　　址：http://press.lnu.edu.cn
电子邮件：lnupress@vip.163.com

写在前面

近三十年的从教之路，弹指一挥间。昨日的我还曾青春年少，如今已两鬓染霜，回顾过去，感慨万千。一路走来，跌跌撞撞，梦想与现实交织，辛苦与快乐同行，失败与成功相伴。

工作以来，我的教育历程中有过许许多多的第一次。第一次在教师节手捧鲜花，感受"园丁"的幸福；第一次当班主任，在手忙脚乱中收获高考的喜悦；第一次因为工作成绩突出被表彰；第一次在正式刊物发表论文；第一次作为评委坐在主席台……这无数的第一次都让我记忆犹新，心中充满感激与感动。每一次经历都是一种财富和动力，我遨游其中获取人生的感悟、知识的增补、技能的提高、心理素质的锤炼……也逐渐懂得除了自己的努力之外，最难能可贵的是，在自己的身后，在自己的教育故事里，一直有那么多的人在关心着我，督促着我，是他们让我慢慢地成为一个有故事的人，让我的故事更温暖、更明媚。在求学路上，恩师的细心栽培、父母的悉心教导使我长大。在贵溪四中的二十个年头，是一起共事的领导和同事们，给了我初上讲台的帮扶，成长路上的支持，使我从青涩走向成熟。在人才济济、温情满园的坪山高中，我的人生奔向了一个新的起点，让我站在一个更高的平台上，看潮起潮落，云天一片。

沿着教坛之路走来，我也曾年轻过，有年轻气盛的躁动，有浅尝甘霖的欣喜，有屡遭挫折的痛楚，也有不眠不休的焦虑。从最初把教师作为一种职业，到如今把教师当作一种追求，一种挑战自我、完善自我的方式，其间的苦与乐，只有自己才知道。

在未来的路上，我还是会这样要求自己：把每一件简单的事做好，把每一件平凡的事做好。我不能说自己会走得很远，但我会脚踏实地走下去；我不敢说自己成绩巨大，但我天天都在追求进步；我不敢说自己有多超前，但我在不断学习与探索。既然选择了三尺讲台，那就坚守下去，甘于寂寞。路在脚下，我已起步；路在延伸，我将继续沿着这条路前行……

目 录
CONTENTS

第二篇　德育火花

第三篇　管理一得

第一篇

教学拾穗

三环并重，努力提高学习效率

——思想政治课的学法指导

近年来，根据选拔性考试的要求和中学政治学科的教学目标，学生能力的培养、知识和能力的统一，占据了越来越重要的地位，"素质教育"已成为社会的共识。这不仅要求教师改变传统的"填鸭式"的教学方式，也要求学生改变被动的学习方式，代之以科学的学习方法。

在教学过程中，我们经常发现许多学生靠延长学习时间，靠"笨鸟先飞"、死记硬背等方式掩盖学习方法上的不科学，而暂时取得的好成绩又起了迷惑作用，使他们满足于低效率的勤奋，而不注意检讨学习方法上的问题。另一方面，科学的学习方法不见得都能立竿见影，有的是"慢效应"，所以学生在检查学习中的问题时，学习方法经常被忽略，而找到的问题往往是皮毛，诸如马虎、粗心、没记住之类，更多的学生把成绩不好归结于不够用功，只要分数一降，就延长学习时间，采用"挤"的方法。这在短时间内可能会起作用，但若学习难度加大，他们这种长时间、低效率的学习方法就不灵了，特别是对很多已经十分用功而成绩不好的学生来说，已没有时间可以延长了。实践证明，并非勤奋者都能获得学业的成功，这里还有一个方法问题。科学的学习方法将使学生的潜能得到最充分的发挥；反之，拙劣的学习方法将阻塞潜能的发挥和能力的提高。因此，学会科学的学习方法，对于学习负担较重的学生来讲，是一个亟待完成的重要任务。

一个完整的政治课学习过程，它包括课前学习、课内学习和课后学习三个部分，科学的学习方法的培养也应从这三个方面着手。

一、注意课前学习

政治课强调理论联系实际的原则，有很强的时代感，在考查时侧重知识和现实材料的巧妙结合，多是"情境在课本外，道理在课本中"，出人意料又实不出所料。因此，学生应以教材为本，力求弄懂、弄通教材，而不是把大量时间和精力放在课外参考书上。

1. 认真阅读教材

阅读教材的方法可概括为：分析课题、节题，"扣题读文"；通过通读全文领会引言或结束语中蕴含的基本概念和原理，原理联系实际的内容；领会用现实材料证明原理的思路、角度等。对于自己难以理解和掌握的地方，可在教材上做记号或记在笔记本上，以便上课时能着重听教师的讲解。

在阅读中，如发现同所要学的新内容相关的旧知识还没有掌握好，应及时进行复习或补课，尽可能避免因此而影响新内容的学习。

2. 阅读要多思考

阅读时，应当每看一段，想一想，把道理弄懂；全文看完后，再串起来看一看，想一想，找到各段、各节之间的联系，以便从整体上把握课文和文中某些结论得出的思路和角度。其次，阅读思考中，应尽量向自己提出问题，把自己置身问题中。比如，每看到一个原理、结论时，就可问问自己：依据的论据是什么？是怎么推断出来的？换个角度、思路行不行？如果改变时间、地点、条件，会出现什么变化？可以解决什么样的实际问题？等等。最后，对阅读过的内容要能独立回忆，准确表达。这课的主要论点是什么？自己都了解吗？有什么需要特别注意的地方？还有什么问题没有搞清楚等。对已经理解的内容要用自己的语言表达出来，写在笔记本上，以备今后使用。

二、努力提高课内学习的质量

课内学习是政治课学习过程的中心环节。不同的学生在同一教室里听同一个教师讲课，其学习效果相差甚远，关键就在于他是否学会了听课。因此，为了提高学习质量，学生应掌握科学的听课方法，尽可能听好每节课。

1. 课内学习要认真

教师在上课时起着主导作用，学生应当在教师的启发指导下，去发现问题、分析问题和解决问题。实际上，很多学生做不到这一点。

有的学生通过预习已基本了解课文内容，因此不再专心听讲，从而浪费了课内学习时间。其实他应当虚心地和教师的讲课思路做比较，取长补短，学习教师分析问题和解决问题的一些基本方法。有的学生上课能积极开动脑筋思考问题，但往往离开教师指引的思路，胡猜乱想，从而影响了学习的质量。因此，有意义的想法或问题在思考时出现，不妨先用笔记本记下来到下课后再深入思考。有的学生听课往往仅从兴趣出发，对不感兴趣的内容就集中不了精神，这样就使自己接受的知识缺乏连续性，从而影响系统知识的掌握。

专心的最后一个方面是上课要注意开头和结尾。开头要概括上一次的内容，要引出新课题，有承上启下的作用，而结尾是一节的课的总结，往往概括性很强。很多学生忽视了这"两头"的重要性，结果知识联系不起来，概括不出来。

2. 当堂懂

有的学生认为，上课不懂没有关系，反正有书，下课自己看书，满足于"上课记笔记、下课对笔记、考试背笔记、考后全忘记"的学习状态。有了这种想法，使上课的主动性大大降低，白白浪费了课堂上的宝贵时间，增加了课后学习的负担。正确的做法是上课积极思考，力争在课堂上就完成领会和初步理解的任务。

3. 主动进入教师上课所创设的问题情境中去

上课时，一个善于启发学生思维的教师，总是引出颇有趣味的问题开始教学活动。对教师创设的问题情境，还能采取等的态度，消极地听同学的解答或教师的说明，而要主动积极地参与，力争想得对、想得快，不要怕答错了或答不全。由于是上课，自己的答案都可以得到及时的肯定或纠正，这对于不断改进和提高思维能力是大有好处的。

4. 做好听课笔记

记听课笔记不仅有利于专心听讲，有利于培养逻辑思维和语言表达能力，也有利于知识的条理化和系统化。记笔记不能主次不分什么都记，应在理解的基础上，有意识地用自己的语言归纳后再记下来；而且记笔记应以不妨碍思考问题为原则，不能下课后笔记一大本，问题也一大堆。

三、善于课后学习

课后学习是课内学习的延伸，其目的在于巩固和加深所学的知识，培养分析问题解决问题的能力，同时检验学习的效果，及时发现存在的问题，从而改进学习。在政治课学习中，课后学习过程具有其他过程不能替代的作用。

课后学习主要应在看、理、练三个方面下功夫。

1. 看

主要是看书、看课堂笔记、看单元总结笔记和课内作业，看的目的是抓住一个"懂"字，也就是着重于理解，以课本为主，不超大纲，抓基本概念和基础知识。看的速度，要根据自己的水平，学得较好的部分，可以很快地扫过去，掌握得不好的地方，则要多花点时间，多思考一番。看的时候切忌走马观花，一目十行。

2. 理

理就是整理出自己的复习笔记。要运用科学的思维方法，把系统化、条理化、完整化的知识，用简明和精练的笔记形式表达出来。政治课体系一般都完整、严谨，各知识点之间关系较密切，相关性较大，许多概念、原理、观点之间可比性也较大，因此可以制作多种简明、易看的系统表、比较表，用复习笔记把头脑中编织的知识之网展现出来。

整理复习笔记本身，一可以促使自己更加专心地学习，二可以培养自己的判断推理、综合归纳能力，有利于强化记忆。笔记是给自己看的，因而笔记要简明易懂，可适当用一些代号、简称，不要在整理笔记上花费不必要的劳动和时间。

3. 练

主要是通过做练习来检查前两步的效果，查缺补漏，加深理解。通过练习发现问题，可以促进看书的深入。很多学生不做练习时总以为自己学得不错，而一做练习才知道自己的不足。

练习时，应尽量多接触不同类型的题目。每一种题型检验知识的深度和广度是不同的，发展能力的功能也不同。有意识进行多种题型的训练，有利于能力的全面发展。

练习时，应避免"题海战"，不能以量取胜。每做

完一次练习后，学生在教师的指导下，可以尝试对各种
题型进行归纳整理，着重抓典型的习题，掌握典型的解
题思路和方法，以便举一反三，提高效率。

　　总之，课前学习、课内学习和课后学习，是政治课
学习过程的三个必要环节，它们之间既互相衔接、依次
进行，又互相制约、互相影响。学习应严格按照这些环
节进行，才能取得良好的学习效果。

　　　　　　　　　（原载《鹰潭教育》1997年第4期）

转化后进生的激励艺术

　　学校每个班级都会有一定数量的后进生，如何转化这些学生，使他们在思想、学习等方面有很大改观，让他们也抬起头来走路，是学校教师和家长都十分关注的一个热点问题。根据几年做班主任的经验，我认为激励是转化后进生的一个必备的重要手段。

　　激励是根据人的需要，激发人的动机，使人具有一股内在的动力，朝着所期待的目标前进的心理活动过程。在转化后进生的工作中，激励艺术就是指教师善于发挥激励功能，不断激发和强化学生的内驱力，有效地调动他们的积极性和上进心，从而取得教育效果的艺术。具体来说，我们可以运用这四个方面的激励艺术：

　　1. 情感激励

　　即教师要努力沟通同后进生的感情，以情育人，以情动人。后进生由于种种原因，在班级集体中长期处于落后的位置，怕这怕那，而且不愿接近老师，甚至产生对立情绪。要改变这种情况，教师必须主动接近他们，多关心，多爱护，多给予他们温暖，只有做到"台上是良师，台下是良友"，对学生亦师亦友，才能赢得他们的敬爱和信任，从而消除他们心中的对立情绪。心理学研究表明，教师关心爱护学生，并对学生寄予厚望，学生就乐意接近教师，乐于接受教师的教育，学生进步就快；反之，进步就慢。师爱这种感情力量对学生，特别是后进生非常重要，是推动他们前进的心理动力。

2. 表扬激励

表扬激励就是教师要多去发现后进生的优点，运用表扬、激励的手段来推动后进生积极进取。尺有所短，寸有所长，任何事物都是矛盾的统一体，即使是后进生，也不可能没有任何优点。有的学习虽差，但在体育方面可能有特长，或在文艺方面有天赋，或在劳动技能、助人为乐方面表现突出。教师要善于利用后进生的这些优点作为促使转化的诱因，因势利导，振奋他们的精神。比如认真完成一次作业，一次劳动任务，运动会上取得良好的成绩，都要加以肯定，勉励他们再接再厉。

3. 成功激励

成功激励是指教师利用或创造有利的条件，让后进生尽可能参与班级集体活动或教学过程，并使他们有成功的喜悦体验，以激发他们的上进心。美国教育家布鲁姆说过："要让大多数学生在每一门学科中都有少量的高峰体验，都享受到成功的欢乐，都寻求对自己的价值的积极认可。"后进生和优生一样需要成功的喜悦体验，后进生更希望以成功来摆脱消极情绪的影响。因此，教师要积极创造有利条件，让后进生有"表现"的机会，以免后进生长期"怀才"不遇，自暴自弃。比如，可以让后进生管理教室的钥匙、收缴作业本、安排班级的劳动等，让后进生感受到教师的信任、集体的温暖，从而激发他们的集体荣誉感和上进心。

4. 榜样激励

榜样激励是指教师以先进人物或其他动人事迹来进行鼓动宣传，从而激励感染学生。法国教育家朱贝尔说过："孩子需要榜样甚于批评。"的确，榜样的力量是无穷的。因此，教师与其埋怨、批评后进生不听话、不争气，还不如乐观善待他们，向他们宣传先进人物的感人事迹，为其树立学习的榜样。榜样的例子在现实生活中俯拾皆是。华罗庚上小学时成绩不好而未能拿到毕业证书，上初一时，数学也是经过补考才及格的。后来，由于勤奋努力，他终于撬开数学王国的大门，成为著名的数学家。在思想品德方面的例子，如徐洪刚、徐虎、孔繁森、李素丽等。通过榜样激励，有利于进一步激发后进生的内驱力和上进心。

苏霍姆林斯基说过："人不可能没有任何天赋和才能，以至于没有可能在生活中表现自己"，"教育的技术在于：教师要善于在每个学生面前，甚至是最平庸的、在智力发展最感困难的学生面前，都向他打开精神发展的领域，并使他能在这个领域达到一个高处，显示自己，宣告大写的我的存在。"因此，我们只要尽力正确对待和引导后进生，一定能取得成效的。

（原载《江西铜业教育》1997 年增刊

把学法指导贯穿于思想政治课教学中

学习从来都是讲方法的。学法指导是教学的一项重要内容。"授人以鱼不如授人以渔"的教学古训，激励了许多人从事这方面的研究和探索，为此已有许多成功的经验供我们借鉴。但教学的时代性特征和思想政治课的特点，决定了我们不能照搬古人，只能在继承和发展上下功夫。笔者在教学中尝试把学法指导贯穿于教学的整个过程，并在具体的教学实践中取得了较好的效果。现将一些初探性的做法做一介绍。

一、备课兼顾学法指导

备课就是对教学各环节的策划，是教学中的起始环节，它是上好课的先决条件。为使学法指导既具针对性，又具实效性，必须在备课中兼顾学法指导，并对此做精心的设计，这是搞好学法指导的前提。

1. 准确选定教学难点

教学难点是指学生在接受知识形成能力的过程中，学习上存在的阻力大或难度较高的关节点，其形成大致是因为理论本身比较深奥抽象、学生知识面不宽、生活阅历有限、认识上片面等原因。教学难点对一个班学生来说具有普遍性。因此，在了解学生知识基础和认识能力的前提下，备课中要注意减小知识坡度，分散难点，提醒学生注意教材中理论观点的论证方式、角度和思路，例证材料的选取；要充分考虑到学生可能提出的问题，做好相应的应对方案；同时，可以准备一些学生常见事例，提高学生的感性认识，帮助学生尝试以课本相同的证明方式推导出正确的结论。

2. 揭示知识体系

教育家布鲁纳说"务必教给学生以基本结构"，这就要求我们在备课时，必须对思想政治课教材中的知识点加以组织或重组。可以将课本内容化整为零，也可以化零为整，特别是讲复习课，应该将全书章节知识串联起来，就像连接火车车厢一样，达到拆得开、连得拢之功，要集全书各章节之零为整，然后又将全书之整拆成各小题之零，这样才能最大限度地揭示知识之间的内在联系，使分散的知识点系统化、网络化，构成一个知识体系。这就有利于学生在宏观上把握理论知识。

3. 精心设计教学方案

思想政治课教学的目的之一，就是教会学生掌握分析问题的方法，使之能多角度、深层次地认识各种社会现象，解决各种社会问题，从而达到知识、能力和觉悟的统一。这就要求我们在备课中，改进教学设计，加强学习和研究方法的指导。例如，关于《价值规律》的备课，传统的教学设计一般是：（1）价值规律的定义和内容；（2）价值规律的表现形式；（3）价值规律的作用。

这样的组织虽然面面俱到，但从激发学生的兴趣、体现学生的主体作用方面来看，就稍显不足，难以使学生掌握分析问题的方法。如果改变为这样的设计：（1）"一把斧头＝一袋大米"、"一元买一本书"分别说明了什么？商品交换为什么要等价交换？（复习价格、价值概念，引出价值规律的定义和内容）；（2）为什么同一商品在不同的时间、地点会有不同的价格？怎样才能抑制某些商品价格的暴涨暴跌？（理解价格、生产和需求之间的关系，领会价值规律的表现形式）；（3）"民工潮"的出现说明了什么？企业为什么要强调科学管理、引进技术和人才？许多企业为什么会破产？（从不同侧面理解和说明价值规律的作用）。通过理论和实际的结合，既加强了方法的指导和理论的传授，又兼顾了一些社会热点问题，为学生的学习与思考创设了一个良好的氛围，这就有利于学生学会分析问题的方法及能力的提高。

4. 注重学法指导的整体性和形式的多样性

思想政治课教学的内容点多面广，因而学法指导的方法不可能公式化，不同的章节、不同的内容就需要不同的方法和手段去指导。学法指导必须渗透于每一次的课堂教学之中，从而使学生已掌握的方法得以强化，使未知的方法得以学习，这就是整体性。掌握思想政治课学习的方法也不是只有一种途径，这就要求在学法指导中注意形式的多样性，如精心设计课堂提问，选择典型材料供学生思考和讨论，提供一个理论观点要求学生论证，在典型习题中点拨学生答题思路等。这样长期坚持下去定能使思想政治课的学习方法得以掌握和应用。

二、课堂教学渗透学法

课堂教学是教学整个过程的中心环节，它是师生之间进行信息传递与反馈、情感交流和行为相互作用的主阵地，备课中的教学设计需要课堂教学来完成，因而学法指导的成功与失败，在某种程度上说决定于这一环节。

1. 切实体现学生的主体作用

教师是知识技能的传授者和解决问题能力的培养者，为此教师在教学中必然起主导作用，但教学是培养人的活动，是以培养学生能力、提高学生素质为目标的，因而教学中必须以学生为主体。教学中创设一个让学生自己去发现并分析、解决问题的气氛，是这种主体作用体现的途径之一。首先，在上新课之前，将本节课所要学习的主要内容和应达到的目标，明确告诉学生，让学生心里有数，为学生参与解决问题，达到掌握学习标准奠定基础；其次，将备课时设计好的问题列出来，让学生看完书有所准备后回答；第三，针对学生回答中出现的问题和不足，精讲、引导、点拨、纠错。同时，指导学生对教材的重点内容加以注意，对可读性较强的节、段要学生朗读，使动脑、动手、动情结合起来，浓化学生的课堂参与气氛。

2. 激发学生的学习兴趣

"好之者，不如好乐者"，学习动力是能否学好思想政治课的根本问题，教学中应充分使用各种手段和技巧，最大限度地激发学生的学习兴趣。思想政治课在这方面有得天独厚的优势，教学中必须充分地考虑到这一点。具体来说，可以从这几方面下功夫：有意识地挑起争议，促使学生积极思考；经常性地开展课堂讨论，培养学生从多方面多层次考虑问题的习惯；在一些容易混淆的问题上装点糊涂，把自己摆在接受检查的位置上，调动学生钻研教材的兴趣；借助于电教手段，增加课堂教学容量，使学生对所学教材获得充分的感知等。

3. 注意循序渐进

思想政治课对学生能力的要求有识记、理解、运用三个方面。学法指导也就需要从这三方面有序进行。首先是要指导学生加强对基础知识的识记和基本技能的训练；其次是要加强能力形成的指导，使学生能历史地、辩证地、全面地分析和认识社会问题；再次是通过题型的变换、知识的迁移去拓展学生思维的灵活性和深刻性。

三、课外辅导强化学法

一方面课外辅导是对课堂教学的补充和延伸，另一方面学生对课堂教学中教授的学法，去实践或自我探求学法一般也要在课外进行，因此，课外辅导强化学法是学法指导中的又一重要步骤。

1. 提供实践材料

主要是针对课堂教学中传授的有关学法，向学生提供有关的复习内容或提纲，提供精选的典型材料或有关学法指导的书籍等。

2. 细致地做好解题指导

发现问题是为了解决问题，而解决问题方法和技巧的形成，需要训练和指导。通过对学生审题能力的指导，来提高学生对与习惯表达不一致的已知条件的等效转换能力、对解题起关键作用的隐含条件的挖掘加工能力、排除干扰因素和提炼有效信息的扬弃能力等；通过对学生深刻理解题意能力的指导，使学生能弄清问题的要求和限制，找到准确的切入点，知道所用的知识点和理论，精练地组织答案；通过指导学生养成反思答题过程的习惯，来不断地提高学生思维的缜密性、辩证性和创造性。这种指导还包括：指导学生对各种习题进行归纳整理，着重抓住典型的习题，掌握其解题思路；培养学生对练习结果进行自我鉴定和评价；避免"题海战术"等。

3. 尝试让学生自己命题

把考试命题的原则告诉学生后，让学生根据课本的内容出一套或几套同高考题相似的试卷。经过较长时间的实施，的确可以起到培养学生能力的作用，特别是学生审题、解题和应试能力。因为命题过程，本身就是一个选题、议题、审题和解题的过程，通过命题的强化训练，学生可以从中了解考试的命题情况，熟悉各种题型，明确答题的要求，学会解题的方法，这样既可以明确复习的方向，拓宽知识面，加深对基础知识的理解，从而提高心理素质和考试的应变能力，又可起到及时发现自己存在的问题，有利于查缺补漏的作用。

当然，学法指导是一项长期而又细致的工作，有些步骤或做法在具体操作中并无课前课后之分，只不过各有侧重而已，学法指导的最终目的还是在于帮助学生提高学习的能力，使之更好地自主学习，对知识的掌握更具广度，对知识的理解更具深度，对知识的运用更具创造性。学法指导贵在坚持，重在方法，只要大家共同来重视这方面的探索，定能走出一条成功之路。

（原载《鹰潭教育》1998年第1期）

政治课课堂教学中的教材阅读指导

近几年政治科的高考，由于较多地采用了材料阅读题，即所谓"新情景、新材料、新问题"，使得考生有了充分发挥自己水平和能力的机会，这一举措，也得到了社会各界的关注和肯定。这一新的题目类型，给我们的教学提出了新的要求和挑战，在日常的教学中，我们必须重视学生阅读理解能力的培养。

课堂教学是思想政治课教学的基本形式，教材是教学内容具体的、集中的体现，是进行教学的实际依据。我们现在所用的新版教材采用了全新的编排体系，在知识的容量上有了很大的扩充，引导性强，可读性强；通过"识记""理解""运用"三个不同层次的要求确定了可以把握和检测的教学目标，规范了教学的基本内容，并对学生的能力和觉悟应达到的水平提出了具体要求，从而为学生主动学习，充分发挥自身的能力提供了大量的机会。同时，这种全新的编排同高考命题遵循的"题在书外、理在书中"的原则是相一致的。因此，在教学过程中除了教师的讲解外，还必须给学生一定的时间去阅读、理解和消化教材，以真正做到"教学相长"。

那么，在课堂上如何合理安排和指导学生进行阅读，以提高课堂教学质量，培养其阅读能力和学习能力呢？根据思想政治课的特点，我认为，不论什么课型和采用何种教学方式、方法，恰当地运用和使用教材、引导学生阅读和消化教材的内容，都可以收到良好的教学效果。

一、明确阅读意义，提高学生阅读教材的自觉性和主动性

教材是教材编写者依据一定的教学目标、教学原则，以及学生学习心理、心理发展特点，并适应学生的认知规律精心编制而成的。在教学过程中，教材的作用是多方面的，它既是实现教育任务和教学目标的有效工具，教师进行教学工作的主要蓝本，也是学生学习过程的基本内容以及教育考核评估的重要依据。教师应该使学生明白教材在教学中的地位和作用，从而让学生认识到认真阅读教材的必要性，做到预习、听讲、复习和练习都要以教材为依据，防止学生在学习过程中脱离教材去看过多的课外参考书和复习资料，这样，既有助于学生消化教材，又使其各项学习活动有一个中心。

二、教授阅读技能，提高阅读质量

教授学生阅读技能就是教会学生正确地阅读教材的方法。根据思想政治课教材的特点，教师在学生阅读时，应要求学生集中思想，边读边思考分析；要根据教师的阅读提纲或提示，认真阅读，抓住关键。概念、原理、观点等是阅读的重点，要仔细分析，弄清概念、原理、观点的实质以及有关结论的推导过程和思路，明白其采用了什么样的证明方式，引用了哪些典型的材料；要仔细领会课文中是如何由一个或几个特例上升到一般原理或结论，反过来又是如何用特例去进一步加深对一般原理或结论的解释。这就要求学生在阅读时不但要注意阅读有关的中心和重点内容，还要注意阅读有关材料的引言（为引入新概念、新原理设置的材料）和结论，并结合自己的经验和已有的知识认真领会其中的内涵，力求真正理解新引出的概念、原理的抽象概括过程。

对较高年级的学生，随着其阅读能力的提高和自学能力的增强，教师可以不列出提纲，只需指导学生按以下步骤进行阅读即可：粗读（重点放在概念、原理、观点的引入和重要概念、原理、观点本身上，初步感知有关的知识框架）——生疑（经过思考，提出问题）——精读（带着疑问细致地阅读）——回忆（阅读后尝试回忆，检查阅读效果）——概括（总结概括归纳有关的知识要点及重要的思想方法）。如果是这样阅读的话，教师的主要工作就是分析概念、原理、观点的抽象概括过程，并根据反馈信息讲解学生不太明白的地方，把新知识在学生已有的知识网上定位，阐明新内容与旧知识之间的联系，分析教材抽象思维的过程。在学生阅读教材时，教师要不断地巡视，了解学生的阅读情况，收集阅读反馈的信息，以利于及时调整讲授的重点和关键，使讲授具有针对性和目的性。

三、根据教学内容确定阅读时机

教师要根据教材内容的特点及学生的知识水平、理解能力确定阅读的时机，对于较易理解的、理论观点不太抽象的内容，可以安排在讲授前快速阅读，以培养学生独立阅读能力；对于较抽象、一下子难以把握的内容，可以采用边讲解边阅读的方法，或讲完以后再阅读，以此来加深学生对教学内容的理解；对于教材上的补充材料，"议一议""想一想""说一说""小资料"等栏目，则可以视教学的需要灵活确定阅读的时机。

四、设置阅读问题，把握阅读重点，顺利通过难点

我国著名教育家朱熹说："读书无疑者，须教有疑。有疑者却要无疑，到这里方是长进。"这就要求教师在开始培养学生阅读能力时，不论是安排在讲授前的阅读还是讲授后的阅读，都应充分挖掘教材中理论联系实际的宝贵资源，加大理论联系实际的力度，把一些新材料、新信息引进课堂，精心组织设置一些阅读思考题，让学生带着疑问去阅读，这样不仅可以引导学生在重点、关键地方多分析、多思考，帮助学生把握教材的重点，顺利通过教学难点，而且还有利于培养学生用学过的理论分析、说明国内外形势中的事物的习惯，从而体现出思想政治课关于知识—能力—觉悟教育教学的要求。教师设置的阅读思考题一定要有启发性，一个较好的启发性问题，应该具备这样的条件：问题本身是学生未知的新问题，且能体现教学的重点内容；与学生的认

识能力、已有的知识和经验水平相适应，不过难也不过易，是使学生跳一跳方能摘到的"桃子"；问题的表述要清楚明确，能引起学生的兴趣和求知欲。另外，设置的阅读思考题还要分层次、有针对性，如识记层次，即不需要多深入的阅读就可以回答的问题，主要是训练通过阅读获得教材中一个概念、一个原理、一个观点等最初的直接的字面意义的技能；理解层次的问题，比识记层次的问题要深入，对其解答主要涉及学生对教材内容的概括、比较、分析的思维能力；运用层次的问题，则要求学生对超出教材之外的新材料、新问题等，能用一定的理论观点做出判断、分析和说明。

五、合理安排时间，留有分析思考余地

阅读最忌流于形式，如有的教师只安排短时间的阅读，也不出示阅读提纲或问题，只是让学生泛泛而读，结果学生没有时间分析思考阅读的内容，不仅达不到阅读的目的，而且还浪费了时间。因此，阅读时间一定要估计好，使学生有分析思考的余地，能静下心来仔细体会，保证大多数学生通过阅读基本上能记忆并初步理解教材中的主要内容，而且能够较好地回答教师提出的问题。思想政治课教材的阅读不同于其他的文字科目，讲究的不是阅读的速度和数量，而是重在分析、思考和体会，所以要保证学生有足够的阅读时间。

六、及时反馈，阅读讲解结合

阅读必须和课堂讲授结合起来，学生阅读完后，教

师要及时检测阅读质量，了解学生阅读情况，并根据反馈信息来进一步调整讲授重点和关键。

检测方式可采取提问、询问、作业等方式，如让学生阅读完后，回答有关阅读思考题，根据回答情况，分析评估学生的阅读质量；也可事先设置一些问题作为课堂作业，阅读结束解答后交给教师，教师从中了解学生对有关教学内容的阅读难点，以及哪些是个别的重点，哪些则带有普遍性。教师要根据这些反馈信息调整讲授内容，做到有的放矢，重点释疑，详略得当。

七、重视复读，提高阅读能力

复读是一章节或一单元的内容学完以后进行的复习性阅读，目的是使学生既温故又知新。具体阅读任务是：通过阅读，能把本章节或本单元的主要知识点按一定的秩序加以整理、归纳，使之系统化、概括化，以形成纲要或图表，更好地理清知识点之间的关系，加深记忆；提炼学习方法，把本章节或本单元中的理论思路明确化，以加深对学习方法的认识；对教材中相关的或相似的概念进行比较，进一步深化对概念、原理的理解；使上一章节或单元同本章节或单元有因果关系的知识点网络化等。

复读时可以布置一些相关的作业，如让学生分析某一个原理及其运用的条件、应该注意的事项，解释教材中典型材料的证明过程和运用的方法，列举新的材料让学生从中抽象出可以使用的原理、观点，让学生以他自己能理解和使用的方式来表述一个概念、原理、观点的内容等。

通过复读还可以让学生了解教材的一般编写结构、整本教材的知识体系，以便从宏观上把握教材，理清教材的脉络。

总之，只有抓住教材阅读的基本特点，善于进行有效的阅读指导，才能真正实现阅读的价值，从而取得较好的教学效果。

（原载《江西铜业教育》1999 年第 4 期）

树立创新教育思想，改革政治课课堂教学

课堂教学是我国现阶段中学教育教学活动的主要形式，是实施创新教育，培养学生创新能力的主阵地。在政治课教学中要落实以培养创新精神为重点的素质教育要求，实施创新教育，教师首先必须转变教学观念，着重解决以下几方面的问题。

一、确定以"培养创新精神为核心"的课堂教学目标

课堂教学要培养学生的创新精神，就要改革过去的课堂教学目标结构，确定以"培养创新精神为核心"的新型的目标结构。

首先，教师在确定课堂教学目标时，要有培养学生创新精神的主导意识。教师有了培养学生创新精神的主导意识，就能自觉地做到围绕"培养创新精神"这个核心研究确定教学目标。

其次，教师要明确"培养创新精神"是以基础知识、基本能力、基本观念等为基础的。强调"培养学生的创新精神"，转变"以知识为核心"的观念，不是不要基础知识，而是要求教师正确处理基础知识与能力、

观念和创新精神的关系，要求教师不要把注意力完全集中在知识上，而是在使学生获得知识的同时，更加注重培养学生的能力、态度和创新精神。以培养创新精神为指导，认真研究教学大纲和教材，理清教材的知识目标、能力目标和觉悟目标，并有意识地强化能力目标和觉悟目标。

二、选择以"联系学生生活实际为基础"的教学内容

实践是认识的第一源泉。目前，虽然政治课教材的内容经过改革离学生生活实践越来越近，但是大多数教师的教学活动仍局限于教材之中，在设计教学内容时，其精力主要放在如何摆布教材，如何把教材内容讲完，很难做到科学地设计教学内容，更谈不上根据培养创新精神的需要科学地选择教学内容。我们应重建"教材观念"，革除"唯书唯上"的陋习，以教材为基础，根据教学大纲、学生特点和本地实际选择和设计教学内容。

三、设计"使学生学会学习和创造"的教学方法

我国著名教育家叶圣陶大力提倡启发式和讨论式方法，主张培养学生独立思考和解决问题的能力，提出了"教是为了达到不需要教"的精辟名言，他说，教学，教学，就是"教"学生"学"，主要不是把现成的知识教给学生，而是把学习的方法教给学生，学生就可以受用一辈子。因此，教师的教学设计要紧紧围绕"使学生学会学习和创造"这个中心来开展。对于特定教学内

容，教师应着重思考学生会怎样对待这一内容，他们能感兴趣吗？怎样做他们才能感兴趣？他们会发现问题吗？……总之，要使教师的"教"的活动始终为学生"学"的活动服务，使学生学会发现、提出问题，敢于和善于发现、提出问题；学会思考、讨论问题，敢于和善于思考、讨论问题；学会解决问题，敢于和善于解决问题；等等。最终促使学生将外显的学习活动转化为内部的智力操作活动，成为自觉的学习行为。

四、创设"民主与和谐"的教学环境

民主、和谐、宽松、自由的氛围，能够最大限度地发挥人的自由创造的才能。政治课课堂教学要培养学生的创新精神，必须建立起一种平等、信任、理解、相互尊重的师生关系，创造民主与和谐的课堂教学环境。在这样的教学环境里，学生没了胆怯和依赖心理，他们可以无拘无束地充分表现自己，表达自己的思想、认识、情感，不怕出错和失败，因为即使错了和失败了，老师也不会批评，同学也不会耻笑。这样学生就能够积极主动地参与学习过程，积极探索和思考，逐步形成一种以创新的精神来看待问题、思考问题和获取知识、应用知识的性格特征。

五、建立以"学生的学习过程为主轴"的课堂结构

课堂结构是政治课的教学思想、教学内容、教学方法和手段、教学关系等因素构成的课堂活动组织系统，是政治课课堂教学成功的基本条件。课堂教学过程的实

质是学生学习过程。课堂结构以学生的学习为主轴，就是要求教学过程中学生在教师的指导下，学习和掌握一些科学学习的基本方法，并运用这些方法去探索、认识自然界、人类社会和人类的思维规律，从而获取知识、应用知识、发展能力，培养创新精神。

六、实施"激励为主"的学习评价

评价具有检测和激励等功能。学习评价是课堂教学的重要组成部分，通过适时的学习评价，教师可以把握学生的课堂学习状况，以便调控教学活动；科学的学习评价可以有效地调动学生的学习积极性，促进学生的学习。然而，如果学习评价手段操作不好，不仅不能发挥它的功能，还会带来负面效应，甚至严重挫伤学生的学习积极性。在政治课课堂教学中要培养学生的创新精神，就要认真研究学习评价策略，实施以激励为主要目的学习评价。要充分尊重学生，保护学生的自尊心，保护学生的学习积极性。对于学生提出的各种问题，教师都应认真对待，认真听取，而且要鼓励学生善于和敢于提出问题，而不能心不在焉、应付，更不能责怪学生；对离题的学生，教师应适时引导，而不能做生硬的打断；对于学生的认识，正确的要充分肯定，有个人独特见解的要大加鼓励。错误也不要直接否定，要在肯定学生已自己积极思考的前提下，引导他们再想一想，或听听别的同学的意见；学生在发表自己见解时，教师不要随便打断他们的发言；对于不主动提问和回答问题的学生，教师要鼓励他们大胆发言，不断培养他们的自信心和主动性。总之，要使每一个学生都能享受到成功的喜悦。

综上，在政治课课堂教学改革中，教师要解放思想，大胆尝试，积极进行探索和创新，努力使课堂成为培养学生创新精神和实践能力的广阔天地和肥沃土壤。

（原载《江西铜业教育》2001 年第 3 期）

以提出问题来提高学生的能力

作为思想政治课教师，常常有感于学生课堂上学习情绪不高，缺少主动性以致影响教学效果；也常常听到同行抱怨学生对学习缺乏兴趣，学习能力总是得不到提高。其实，学生主要靠教师启发、引导，学生的学习兴趣、积极性和能力来自教师有目的、有计划、有步骤的培养、调动和激发。一个教学成功的思想政治课教师应该有能力、有办法使学生对他任教的课程产生浓厚的兴趣，否则他就没有办法完成教学任务，更谈不到有效地提高教学质量和学生的能力。

那么，怎样才能提高学生对思想政治课的兴趣，从而提高他们的能力呢？笔者认为可以从"问题"的提出和"问题"的解决方面去努力，以教法的改革带动学生学法的改变。

所谓问题，根据现代认知心理学的观点，一般的解释为不能即时达到的目标。美国创造心理学家吉尔福特说："每当你碰到不进一步做心理上的努力就不能有效地应付的情况时，你就遇到了问题"，"当你需要组织新的信息项目，或以新的方式运用已知的信息项目以解决问题时，你就碰到了问题。"问题在科学探索中具有极为重要的意义，它是科学探索的出发点和动力。科学研究需要通过观察实验，获取有关自然的各种信息，然后加以理性的加工，发现规律性的东西。虽然从表面上看，许多科学的发现似乎来自偶然的观察，但事实上任何人都是根据一定的问题去观察的。在观察之前总是先有某种"预期"，构成某种先于经验的参考框架。只有当观察的事实落入这一框架时，才会有所发现。学生学习知识的过程与科学家认识自然的过程有许多相似之处，他们要获取的东西对他们来说都是未知的，都需要获取各种各样的信息，并进行思维加工，对问题进行探索。因此，发现问题、提出问题和解决问题在知识形成过程中，是一个不可缺少的环节。

重视问题的提出和解决就是重视知识获得的过程。传统教育把知识看成是一种教育结果，它关心的是传授给了学生"多少"知识。素质教育则把知识看作是一种过程，它除了关心所传授的知识的数量外，更关心的是"通过什么途径和方法"使学生获得知识。因此，重视问题的提出、问题情境的创设和问题的解决，乃是素质教育有别于传统教育的基本特征之一，也是激发学生学习兴趣、提高教学质量和学生能力的重要手段。

一、问题的作用

在思想政治课教学中，问题的作用主要表现在：

首先，问题能激发学生学习的兴趣。问题会使学生陷入困境，寻求问题的解答，摆脱问题的困扰，将会激起学生认识和理解方面的强烈兴趣，给学生的认识活动产生极大的动力。正如科学家波普所说的："正是问题激发我们去学习，去发展知识，去实验，去观察。"当学生对问题产生了兴趣，他就能积极主动地进行学习，在困难面前不畏缩，在挫折面前不止步，并努力取得优异成绩。

其次，问题能激励学生的思维。创造性思维起始于对困难或问题的认识，是围绕着解决问题而进行的，问题是思维的起点。科学家鲁利亚说："在人有适当的动机而使课题变得迫切了，并且它的解决成为必要的了。当人要从他所在的情境中走出来，而又没有现成的（先天的或习惯的）解决办法时，只有在这种场合思维才会出现。"例如，在学习"价值规律"时，可以向学生提如下问题：为什么同一个商品在不同的时间、地点价格会不同？怎样抑制商品价格的暴涨暴跌？商品生产者为什么强调科学管理、引进技术和人才？这些问题可使学生的思维处于激发状态，激励学生积极思考。

再次，问题还能集中学生的注意力，为教学活动的成功进行创造良好的氛围。传统的教学方式过多地强调教师的主导作用，而忽视学生的主体作用，台上教师照本宣科，台下学生被动接受，师生之间很难做到真正的沟通，课堂气氛不活跃，成为一种"闷课"。"问题"教学则能较好地克服"闷课"现象，它既注重教师的主导作用，要求教师的提问、点拨、引导、讲解充满机智，出人意料又在情理之中，善于从司空见惯的现象中揭示本质和规律，令人茅塞顿开；又充分发挥学生的主体作用，鼓励学生去探索、思考、发现，培养学生的问题意识，使学生在掌握知识的同时学会了分析问题的方法，发展了思维能力。这样就让教学双方都处在生机勃勃的精神状态，为教学活动的成功进行、为学生能力的提高创造了条件。

二、提出问题的方式

问题是教学的中心。思想政治课的教学过程应当是一个不断地提出问题和解决问题的过程。解决问题首先是提出问题，因此，教师无论是在教学的整体过程，还是在教学过程中的某些微观环节，都应重视问题情境的创设，使学生进入问题思考者的"角色"。在教学中，教师创设问题情境的方式可以有以下几种：

1. 呈现想要加以理论讲解的现象或事实以提出问题

教授一个全新的概念、观点往往可以采用这种方式。比如在教学商品知识时，先给学生呈现一些常见的现象：人们生活中必需的柴、米、油、盐、酱、醋、茶，都得花钱买；学生用的书、笔、纸、墨等也是花钱买的。那么，这些花钱买来的东西有哪些共同的地方？人们为什么要买这些东西，而且还得花一定数量的钱？这就给新概念、观点的教学创设了一个较好的问题情境。

2. 通过列举典型的事例来提出问题

在教学"提高企业经济效益"这部分内容的过程中，教师可以先给学生举一个社会经济生活中的典型例子：从 1996 年 3 月起，在全国范围内降低 17～29 英寸"长虹"彩电的售价，降幅为 8%～18%，单机降价额为

100～850 元。"长虹"集团这一举措，在全国上下引起强烈反响，结果其市场占有率猛增，销售额跃居全国第一。"长虹"集团是家军转民的企业，在社会主义市场经济体制中如鱼得水，经济效益不断提高。对这样的经济现象，学生在学习相关知识之前难以做出正确的解释，于是容易产生学习兴趣和解答问题的需要，进入问题情境。

3. 由已知知识的扩展提出问题

比如，学生在学完"市场经济的一般特征"后，知道市场经济具有平等性、竞争性、法制性和开放性，因而是实现资源优化配置的有效形式。于是，教师可以提出：在市场经济条件下，市场对实现资源的优化配置发挥着积极的作用，然而我们也会发现市场上存在这样一些不正当的经济行为，像生产和销售伪劣产品、欺行霸市、不讲职业道德等，这有害于市场经济的健康发展。为什么会出现上述现象？怎样克服上述现象？从诸如此类的问题出发，可以较好地调动学生的积极性，引入对新知识的学习。

4. 通过激发学生思想上的矛盾提出问题

现在的学生思想异常活跃，社会上不同意识形态、不同价值观在其思想上都会有所反映，因此，在他们的思想认识上往往存在较多的矛盾和困惑。比如，讲社会主义经济制度和社会主义公有制的优越性时，学生在认识上总会有这样的想法：既然社会主义制度具有巨大的优越性，那为什么我国还存在较多的腐败现象？为什么国有大中型企业普遍不景气？为什么世界上大多数国家都"选择"私有制？对这样的认识上存在的问题，教师若能根据学生的实际情况，结合课本理论，有意识地激发，并加以正确的指导和提示，就能收到较好的成效。

5. 从理论联系实际，有意识提高学生理解和运用能力的角度提出问题

理论联系实际是思想政治课的重要原则，学习理论知识的目的在于运用。教师在教授完某一理论观点后，可以有针对性地选择国内外社会经济、政治、文化生活中的热点问题，来锻炼学生的能力。价值规律作为基本的经济规律，在经济常识中占有重要的地位，考试中也经常出现这方面的问题。为了让学生更好地掌握这一规律，在教完这一节内容后，教师可提这样一个问题：拥有百年历史，职工近两千人的国有中型企业——武汉火柴厂，竟被一个办厂不到 10 年、只有一百多员工的私营企业全部购买。这种被称之为"蛇吞象"的现象全国许多地方均有发生。"蛇吞象"比喻的是什么经济现象？其出现有何积极意义？"象"不被"蛇"吞的出路何在？这个问题在提高学生的能力方面是相当好的。

以上是几种常用的提出问题的方式，在具体的操作中，可以根据教学内容有不同的表现方式。

三、提出问题时应注意的方面

提出问题进而解决问题的目的，是为了提高学生的学习兴趣和学习积极性，克服"闷课"现象，营造一种充满活力和灵气的课堂气氛，进而发展学生的思维，提

高学生的能力，使学生"乐学""会学"。因此，在教学过程中不能为了提出问题而笼统地发问，而要根据具体的教学内容提出有价值的问题，这样的问题应该具有探索性、启示性、扩展性和现实性。具体来说，提出问题要注意以下几方面：

第一，尽量让学生获得和掌握丰富的感性材料。获得和掌握丰富的感性材料是感性认识上升到理性认识的基础，而学生在学习过程中缺少的正是感性材料。为了解决这一问题，教师一方面可以在讲课中有意识地多使用教材以外的材料，另一方面可引导学生了解和关注时事，如收看新闻联播、阅读报纸等。在学生获得和掌握大量的感性材料后，视野开阔，抽象的政治理论就不再是"空中楼阁"，而是对社会生活的间接反映，相对而言就好理解多了。而且，学生在学了理论知识之后，再来看社会生活，也便于逐渐学会用理论来分析实际问题，有利于实现认识的第二次飞跃，即从理论到实践的飞跃。

第二，扩大知识和思维容量，以提高"问题"教学的实效。教师必须全面研究教材，了解书的编辑意图、组织结构、重点章节、各章重点和难点，做到统筹兼顾，心中有数，教时得心应手，融会贯通；善于从全局把握时事基础，吃透与教材密切相关的"热点"问题，以做到讲课时信手拈来，左右逢源；要从思维有序推进上把握学生的学习基础、学习方法、学习习惯，从新世纪对人才素质要求的高度逐步发展学生的思维能力。

第三，针对学生思维运转的关节点。教师提出的问题只有能够驱动学生思维运转的关节点，才能充分调动学生的学习兴趣和积极性，教学过程才能如江河之水奔流不息。这样的关节点包括已知知识和新知识的关系、概念或原理之间的关系、贯穿全书的主线、学生思想中存在的疑点或争论的焦点等。

第四，有利于学生能力的发展。教师在教学过程中，既要重视知识的教学又要重视能力的培养，教会学生借助已有知识去获取新知识的方法，使学生的知识不再是死的教条而是能活起来的向能力转化的知识。因此，教师提出的问题要有利于学生能力的提高，其侧重点应当包括：（1）运用所学知识来分析说明新情况、新问题、新矛盾；（2）教材中滞后需要调整和更新的知识；（3）原来已经从某一层次某一角度分析过的事物、现象，现在从全新的角度来分析，等等。

第五，形成自己的特色。提出"问题"作为一种教学方法，应该和教学风格、教学艺术结合起来形成特色。没有形成特色的教师还算不上一个成熟的好教师，只有形成特色才能对学生起到吸引、熏陶、渗透、愉悦、审美、思维、启迪的作用。

总之，在教学过程中，重视问题的提出和解决，能够较好地发挥教师的主导作用、学生的主体作用和思维的主线作用，使教学充满情趣，教学艺术化，从而有利于学生能力的提高。

（原载《政治课教学》2003 年第 5 期）

变"讲"为"导"，促进学生能力的提高

　　教学过程是师生双向活动的过程，教学的成功与失败，是教的"外因"和学的"内因"相互作用的结果，是过程的酝酿和结果的反馈交错影响的结果。因此，提高政治课教学效率的着力点应放在寻求"外因"和"内因"的最佳结合，努力实现"教"与"学"的和谐统一这个目标上：教学过程应该是既充分发挥了教师的主导作用，又确实体现了学生的主体地位，是这两方面的完美统一。实现这种统一的关键在于教师，在于教师能够充分认识自己在教学过程中的主导作用，变"讲"为"导"，通过主导作用去调动、启发学习主体的主动性、自觉性和积极性，让学生真正成为学习的主人。要把教师的主导作用落实到学生的主体作用这个基点上，需要教师在课堂教学的各个层次中做出努力。

　　传统教学模式的弊端之一，就是教师讲得太多，一味灌输，从而影响了学生学习的积极性。新的教学模式的建立就必须围绕"导"字做文章，真正把学生的主体地位落实到课堂教学之中，引导学生生动活泼、主动地学习。现行教材几经修编，已具有较强的可读性和可懂性，许多内容学生自己能读懂，这为教学中充分发挥学

生的主体能动性提供了有利的条件，教师的作用也就可能同时从"讲"转向"导"。发挥教师的主导作用，培养学生自主学习的能力，在教学模式的构建上要求教师以教学目标为依据，精心创设教学情境，启发引导，促进学生充分参与，积极主动思考。

1. 导情

兴趣、动机、情感是学生自主学习的基本动力。和谐融洽的师生关系，生动愉悦的教学氛围，新奇多样的思考情趣，是导情的三大法宝。教师要做学生的朋友，以平等的态度去鼓励学生的自主意识，用亲切的关怀去拨动学生的心弦，用满腔的热情去点燃学生心灵的火花；用形象、直观、贴近生活的素材，为学生提供学习的探究环境；用悬念、设疑，激起学生思维的波澜，让学生在很好的教学情境中体验求知的乐趣。

2. 导向

教学必须有明确的目标与正确的方向。导向的关键在于正确认定目标并使目标具体化、意识化和过程化。在教学过程中，要不失时机地向学生提示学习目标，使学生每一步学习都心中有数，并以目标为依据组织反馈、矫正、调节，使整个学习过程在目标的指引下有序地进行。

3. 导读

让学生学会凭借教材学习，学会阅读，不仅有益于当前，也有益于终身。对政治学科来说，阅读和理解能力也是高考所要求必备的能力之一。导读的基本方式有：（1）示范导读。由教师示范，学生模仿，帮助学生掌握阅读的技巧和方法，学会勾画教材的重点、在教材的空白处做批注等。（2）尝试题阅读。出示和教材内容类似的尝试题，让学生从教材的论证的方式中找方法，找答案，边看书，边尝试，在尝试中体会和理解教材的内容。（3）问题导读。根据教学重点、难点提出和设置一些有针对性的问题，让学生围绕问题，边读边议。（4）提纲导读。根据教学内容，用阅读提纲的形式指明阅读顺序和重点，指导学生边读边在教材上勾画或做出摘录。

4. 导思

思维是智力活动的核心。在教学过程中指导学生展开积极的思维活动，并帮助学生掌握初步的逻辑思维方法，培养良好的思维品质，不仅是实现学生自主学习的必要条件，而且是发展学生求知能力、提高学生智力素质的需要。导思需要把握三个要点：（1）激疑。思起于疑。教师要善于从提供给学生学习的材料中提出问题，或引导学生自己提出问题，这是思维的源头。（2）在"旧知"和"新知"中疏通渠道。因为知识之间的有机联系，学习新知识总是在一定的旧知识基础上进行的。因此，教师要提供素材，指导学生通过比较分析，去发现新知识与旧知识之间的联系、区别，运用认知迁移规律去理解、掌握新的知识。（3）在"特殊"和"一般"之间架设桥梁。人们总是在由特殊到普遍、由普遍到特殊的循环往复中，使认识一次比一次更提高，一步比一步更深入的，这是认识的基本规律，也是教学必须遵循的规律。由个别的、具体的现象概括出一般的结论、规律，是学生思维活动的转折点，也是学生常常出现思维障碍的地方。教师要充分依靠提供的素材，引导学生发现这些个别的、具体的实例所共有的特点、规律，设计若干互相连接的问题，指导学生一步一步进行归纳、概括，得出结论，并通过实例来验证这些结论，让学生自己去经历由特殊到一般、再由一般到特殊的认识过程。

5. 导练

练，是学习活动的主线，教师在练中导，学生在练中学，是培养学生自主学习、形成能力的主要环节。导练主要应注意练习的设计、指导和评改三个方面。练习的设计要有针对性，依据教学目标，围绕教学重点，突出难点；要注意适应性，有层次，有坡度；要体现多样性，形式要有变化；要根据学生心理和认知特点，注意练习的情趣性；在安排上要把握时机，在教学过程的每个环节都要有适当、适量的练习，以收及时反馈、及时矫正、及时巩固之效。练习的指导是教师在练习过程中给学生进行的具体的帮助和辅导。在练习指导过程中除注意方法的指导外，要特别重视严格要求，注意学生良好的学习习惯（如认真审题、规范书写、细心检查等）的培养。练习的评改要充分体现示范、矫正和激励功能，课内的准备性练习、尝试性练习、反馈性练习，要引导全体学生参与即时评改，肯定正确的，鼓励优良的，矫正错误的，指出应注意的问题；独立完成的作业可以当堂批改的应当堂批改，一般应当天批改，需要订正的，及时指导学生自己订正，然后再给恰当的评分。

作业好的，应该加上简短的鼓励性的评语。

6. 导析

自主学习，包含着学习主体对学习做出的自我分析和总结，并以此为依据来调控学习行为，以达到自我教育、自我完善的目的。自我分析和总结，既是一种重要的学习能力，又是一种良好的学习品质。学生自我分析和总结能力的形成需要有效的指导、长期有计划的训练。因此，教师在教学过程的每一个环节都应该注意给予学生自我分析和总结的机会。可以先从课内课外、练习的小结入手，以后逐步引导学生由对学习结果的总结过渡到对学习过程的总结，让学生自己尝试怎么样想，怎么样做。通过长期训练，养成学生自我分析和总结、自我调控学习的意识和能力。

（原载《江西教育科研》2002 年增刊，荣获《政治教育》杂志社"创刊 20 年迈向新世纪"全国征文评选三等奖）

从文科综合能力测试的特点看政治学科应考对策

2001 年全国高考文科综合能力测试题，无论是从形式还是内容都给人一种清新扑面的感觉，但由于考生和教师都是第一次接触"综合"考试，因而在当年的应考中也难免留下一些遗憾。现结合教育部有关高考改革精神、2002 年考试说明及 2001 年"3＋X"文科综合测试卷，联系中学教学实际，就文科综合能力测试的特点及应考策略谈谈个人体会，以更有针对性地做好高三复习工作。

一、文科综合能力测试的特点

教育部考试中心明确指出，综合能力测试命题的指导思想是：以能力测试为主导，考查学生所学相关课程基础知识、基本技能的掌握程度和综合运用所学知识分析解决实际问题的能力。综合能力测试突出能力目标。文科综合能力测试不单是为了检测学生对所学知识的掌握达到了何种程度，也并非为了检验教学或学习效果，其主要目的是考查、确定考生是否具备升入更高一级学校的知识贮备、相应能力，考查考生对政治、历史、地理三个学科的教学内容的掌握，以及由此形成的分析问题、解决问题的方式方法的学科思维品质。因此，文科综合能力测试具有以下特点：

1. 以考查学生能力为立意

在学科测试中，根据以知识和能力哪一个为考查的重点，可以分为"以知识立意的命题方式"和"以能力立意的命题方式"。前者着眼于知识结构的系统性和完整性，更多地考虑知识点及其覆盖面的要求。这种命题方式一定程度上使得能力考查的目标带有随意性。而后者则以考查学生能力为中心目标，着重考查学生对知识之间内在关系的把握及学生将原理运用于新情境之中的能力，是知识基础上的一种提高。这种试题大致具有以下特征：①在考查学科能力时，不能仅仅把学科中的知识描绘成平面的散点结构状态，而是努力使学科中的知识立体化，体系化，使各部分知识之间的关系显现出来，方法的层级要求应清晰化。②在考查学科知识的基础上，应对与本学科相关学科知识及学生综合运用知识解决实际问题的能力做重点考查。③题目所设置的情境与设问都要体现综合能力的要求。④降低对机械记忆量和具体数值计算的要求，突出对推理能力的考查。由此可见，以能力立意代替知识立意的命题，能力的覆盖率将是命题者考虑的首要因素，只要所出的题目能覆盖到高考所需的能力要求就是好题，至于可能出现的知识覆盖率偏低的情况，不是出题考虑的重点。

2. 强调学科之间的渗透、交叉与综合

综合能力测试是在以各学科内容为知识载体的基础

上，进行学科之间的渗透、交叉与综合的，因而不同于过去单一学科的综合能力要求。文科综合考试则是建立在中学文科科目教学基础上的综合能力测试。在中学的文科科目中，历史学科着重叙述的是人类历史的进程，地理学科着重研究的是人类社会生存环境，而政治学科则是研究在特定的历史条件和现实环境下，人类的经济、政治问题以及在这些问题中闪现的哲学思想或哲学方法依据等。它们各自从不同的角度去研究社会，解释社会现象。但是，现实生活中的诸多问题，并非单一因素构成的，其变化发展的过程以及产生的影响，往往涉及许多方面。因此，分析问题和解决问题的角度、条件、办法就需要做多种考虑，不能完全撇开其他两门学科，只有三者结合起来，才能更好地分析和解决现实问题。

3. 关注生活，关注社会热点，体现理论和实际相结合、学以致用的要求

文科综合能力测试在出题上不回避重点、焦点和热点问题，以各学科的主干知识为考查主体，以世界热点、焦点和人们普遍关心的问题为立意中心，使试题植根于社会生活之中，既具有鲜明的时代特色，又具有丰厚的答题素材，让考生有话可说，有理可书。

4. 数字图表试题量明显加大，但难度适宜

理解数据、图表、公式、简图的意义及其关系，并从中提取有效的信息进行科学的归纳和整理，是文科思维品质的重要方面。随着科学技术的发展和社会的需

要，社会科学的交流媒体大量地使用了图表和数据。能够阅读这类资料并初步运用这种资料形式说明问题是综合能力测试的内容之一，也是近年来高考试题的又一重大特色。

5. 命题形式更趋向专题化

地理、历史、政治三个学科均已形成相对独立完整的学科体系，各学科试题的设计方法与风格，所考查知识内容的重点和难点，答题的形式和技巧也各有侧重和特点。但是，三个学科的内容在文科综合能力测试中聚集组合而形成一份试卷，因而在设计试题尤其是形成综合性试题时，往往围绕题目的主体立意编排学科内容，而非以各科的重点内容为中心，学科的知识服从并服务于整个试题的立意所在和价值取向。例如，2001年高考题的第3～8题，以图表为背景材料，分别从政治、地理相关的六个角度设问，全方位考查学生多侧面多角度的思维能力，从而要求考生养成立体思维的学习习惯。

二、复习应考的对策

根据综合考试的性质和命题特点，我认为在今年的教学复习工作中，要注意四个方面：

1. 立足双基教学，夯实知识功底

综合能力测试突出能力目标，但能力目标必须以扎实的基本知识和基本技能作为铺垫和基础，否则任何测试将是无源之水、无本之木。综观2001年文科综合测试题，无论是选择题还是主观性试题，无论是对政治学

科还是对历史、地理学科的考查，无论是对加强党的自身建设、坚持开展反腐败斗争的分析，还是认识当前我国农业的有关问题等，都必须在掌握教材基本知识的基础上才能做出相应的回答。特别值得提出的是，主观性试题的参考答案十分贴近教材，有的甚至直接取自于教材，如第 39 题第 2 问、第 40 题第 5 问，其参考答案要点和教材所述内容完全一致。这就提醒我们，学好书本知识是提高综合能力测试水平的"源泉"和"根本"。

当然，综合能力测试命题突出学科主干知识，不以学科重点为中心，不考虑知识的覆盖面，坚持从问题本身出发命题，而不是以学科知识体系出发命题。这又从另一个方面告诉我们，在教学中既要考虑到学科主干知识和重点内容，考虑到知识的覆盖面，同时在知识掌握上又不能抠得过深，也不必刻意寻求各学科知识的交叉点。在复习中，既要弄清知识线索和结构，又要整体把握，并对相关知识进行重组和整合，尤其要重视将现实材料与相关知识联系起来，使学生在分析、解决问题的过程中运用知识、熟悉知识、掌握和提高技能。

2. 注重知识渗透，提高综合能力

综合能力考试命题以能力立意为主，依据教学大纲，但不拘泥于教学大纲；学科内容安排，并非事先有一个固定的比例，而是服从、服务于人们分析问题和解决问题的内在的固有逻辑，不搞学科知识的"拼盘"；强调学科知识结构中基本的、核心的、可再生性的内容；强调知识之间的内在联系，强调学以致用，理论联系实际；突出对学习方法和学习能力的考查。一方面，要注意帮助学生对政治知识的系统性理解和认识，让学生掌握知识体系，全方位认识事物的整体结构与功能。为此，在教学中要注意总结章节知识间的联系，实现政治学科知识点之间的相互渗透关系，并培养学生学会概括和综合。另一方面，要注意挖掘政治学科知识与其他学科知识间的相互联结点、交叉点，并能在政治教学中结合教材内容，引导学生用已学过的其他学科的知识来理解、分析、解决一些社会热点问题。认知心理学认为，能力在很大程度上依赖于知识，依赖于对知识的理解，依赖于对各种知识之间相关联部分的把握，知识按照一定的逻辑关系在人脑中构成了一个多层次的网络系统，强调知识的整体性在很大程度上影响着知识的使用，尤其是影响着解决复杂的新问题时知识的综合运用。因此，在2002年备考中要特别注意培养学生养成自主渗透的习惯。

3.关注热点，紧密联系实际，以问题为中心培养实际应用能力

"3+综合"试卷中反映时代特征的新理论、新信息、新知识以及全球性或区域性影响重大的自然现象和社会热点问题明确地告诉我们，中学政治教学不能只重视对相对滞后的教材知识的传授，而应把课内知识的学习与现实生活中瞬息万变的世界紧密结合起来，用所学知识去观察、分析、思考并解决问题，即强化联系时事政治、联系实际、联系生活，引导学生学以致用，培养学生的实践应用能力。这既是"3+综合"高考的要求，也是素质教育的呼唤。

4. 强化综合训练，提高应试能力

在这个问题上，我们要特别注意一种倾向，那就是我们不少学校、不少教师面对综合科目考试时，兴奋点过早提前，在学科教学都未搞好的前提下，片面强调学科间的综合，而实际上，综合首先要考虑的是学科内的综合，然后才是学科间的综合。因此，从命题的技术层面讲它，涉及各学科综合的知识，即能在各学科主干知识中存在交叉点的部分毕竟是少数，而大量的是学科内的综合。对此，国家教育部考试中心的蒋超同志在多种场合反复强调，我们中学教师首先要坚守学科阵地，在此基础上串串其他学科的"门"，只要学科知识网络搞清楚了，综合能力的提高也就水到渠成。因此，在训练中要注意三点：首先，不能一味地追求各学科的大综合，使学生兴奋点前移；其次，要放弃以大量演练习题为主要方法的机械训练方式和以生搬硬套为主要特征的应试方式；最后，要尽力帮助学生建立以主干知识为核心内容的学科知识结构，精心选择和设计一些开放式习题来引导学生提高分析和解决问题的能力。

（原载《起跑线》2004 年第 8 期高三版）

正确理解"效率优先、兼顾公平"的原则

　　效率与公平，是我们在社会经济发展中同时追求的两大基本目标。在发展社会主义市场经济中如何处理好二者的关系，做到既要生产高效，发展生产力，又要保证收入公平，维护社会的稳定，充分发挥社会主义的优越性，是关系到社会主义建设事业兴衰存亡的大问题。"效率优先、兼顾公平"作为我国社会主义初级阶段分配制度中的一个重要原则，正是对两者关系的正确处理。

　　效率与公平本质上是统一的，具有一致性。二者相辅相成，互为保证，缺一不可。一方面，生产高效率是实现公平的客观基础。公平必须以效率的提高为先导，效率的提高可以促进社会公平。社会生产效率低下，意味着经济发展的低下，意味着公平的分配缺乏足够的物质基础而无法实现。另一方面，公平是实现高效率的基本前提。公平的社会生活，内在地促进着高效率的增长，公平的程度决定了效率的程度。要获得持久的高效率，就必须建立一种公平的社会分配机制。只有公平的分配才能对提高生产效率起促进作用；而分配不公，就难以充分调动人们生产劳动的主动性、积极性和创造

性，从而影响生产效率的提高。坚持效率优先的原则是按劳分配原则决定的，也是社会主义市场经济规律决定的；兼顾公平是由社会主义的本质决定的。社会主义的本质是解放生产力，发展生产力，消灭剥削，消灭两极分化，最终达到共同富裕。

在社会主义市场经济条件下，社会主义的本质决定了公平与效率应该而且能够达到统一。解放生产力和发展生产力，体现了高效率原则；消灭剥削和消除两极分化，体现了公平原则；共同富裕，体现效率与公平的最佳结合。社会主义的本质，就是要求实现最高的效率和最大的公平的统一，实现两者的最优化，在效率与公平两方面超过资本主义。

当然，在现实经济生活中，从一个较短的历史时期来看，效率与公平之间又存在矛盾。在追求高效率的过程中，由于我国生产力发展水平的不平衡和多层次性，在价值规律和竞争的作用下，社会上必然会出现收入差距的扩大，出现富裕程度和富裕速度的差别，从而打破原来相对的公平。这种情况的出现既是竞争的结果，也是竞争的动因，还是刺激效率增长的基本手段。但收入差距如果不断地扩大，而且得不到有效的控制，就背离了公平原则，不利于社会的稳定和社会主义优越性的发挥。公平原则要求人们的收入趋向于均等化，但只强调收入均等化，却又背离了效率和市场经济优胜劣汰的原则，抑制了人们劳动的主动性、积极性和创造性，影响效率的提高和社会生产力的发展。

因此，在发展社会主义市场经济、加快现代化建设的过程中，当我们解决效率与公平之间的矛盾时，不能只顾效率不顾公平，而造成社会动荡不安，破坏生产力的发展，又不能为示公平而牺牲效率增长，导致产品匮乏，引起新的社会不公。解决二者矛盾的根本出路，就是实行"效率优先，兼顾公平"的原则。"效率优先"强调要把有利于促进效率放在第一位，即承认收入差别，让一部分地区和一部分人通过诚实劳动、合法经营先富起来，以此来激发人们劳动的主动性、积极性和创造性，从而促进效率的提高和生产力的发展。做出效率优先的抉择，这在目前来说，是必然的又是必要的，是符合社会生产力发展的客观要求的。生产力是人类社会发展的最终决定力量，任何一个社会的发展，其深刻根源和基础都在于生产力的发展，无不依赖于生产力的增长。而生产力的发展过程本身就是一个不断追求更高的生产效率的过程。一个生产效率低下的社会，最终将不可避免地在停滞中走向衰亡。社会主义的优越性，归根到底要体现在它的生产力比资本主义发展得更快一些，更高一些。社会主义要战胜资本主义，就必须创造出比资本主义更高的劳动生产率。因此，高效率地发展生产力，是社会主义发展中最基本最重要的内容，是关系到社会主义兴衰成败的关键。要巩固和发展社会主义制度，就必须坚持效率优先的原则。"兼顾公平"则强调国家要通过分配政策和税收政策，依法保护合法收入，取缔非法收入，整顿不合理收入，调节过高收入，防止收入分配差距过分扩大，尽可能地实现社会公平，保持社会稳定。

实行"效率优先，兼顾公平"的原则，意味着在社会财富有限的条件下，优先满足对社会贡献多的人，意味着工资福利、社会待遇向他们一边倾斜。这样虽然在人们之间拉开了收入差距，但却有效地调动起人们劳动的主动性、积极性和创造性，形成"鞭打慢牛"的竞争机制，形成人人不甘落后、你追我赶的社会氛围，即"效率优先"。在保护而不是抑制削弱先富部分的发展活力的前提下，使社会财富总量不断增加。同时，又要帮助贫困地区和家庭发展经济、增加收入，通过分配政策、税收政策，以用财政、社会补贴及救济等措施，解决收入差距过大的问题，防止两极分化，实现社会公平，即"兼顾公平"。这样，一方面通过示范效应，先富者帮助后富者。扶贫而不抑富，让富的更富，而贫的也会相应地由贫变富，从而使人们最终达到共同富裕，实现更高层次上的公平。

（原载《起跑线》2004 年第 8 期高一版）

政治学科如何培养材料阅读能力

提取有效信息进行科学、合理的判断、推理、归纳、预测；分析、说明成因；评价、解决问题，这是文科综合能力测试对应用能力的考核要求。"提供信息、设置情境、考查能力"是文科综合能力测试命题的重要方式。试题新情境的创设，从内容上看，多以现实生活中的有关理论问题和实际问题为背景进行命题，考生要答好题，首先必须正确阅读、理解试题所给的材料，正确选择、使用适当的材料，以便提取新情境中的有效信息，说明、解释并创造性地解决问题。

针对文综测试的这一特点，在日常的学习中，我们必须重视材料阅读能力的培养，以便于"提取有效信息"答好题，这种能力的培养可以从教材阅读理解开始。

我们现在所用的新版教材采用了全新的编排体系，在知识的容量上有了很大的扩充，引导性强，可读性强；通过"识记""理解""运用"三个不同层次的要求确定了可以把握和检测的教学目标，规范了教学的基本内容，并对学生的能力和觉悟应达到的水平提出了具体要求，从而为学生主动学习，充分发挥自身的能力提供了大量的机会。同时，这种全新的编排同高考命题遵循的"题在书外、理在书中"的原则是相一致的。因此，在学习过程中除了教师的讲解外，学生自己阅读、理解和消化教材也是必要的。

一、明确阅读意义，提高阅读教材的自觉性和主动性

教材是教材编写者依据一定的教学目标、教学原则，以及学生学习心理、心理发展特点，并适应学生的认知规律精心编制而成的。在教学过程中，教材的作用是多方面的，它既是实现教育任务和教学目标的有效工具、教师进行教学工作的主要蓝本，也是学生学习过程的基本内容以及教学考核评估的重要依据。作为学生，首先应该明白教材在教学中的地位和作用，从而认识到认真阅读教材的必要性，做到预习、听讲、复习和练习都要以教材为依据，防止在学习过程中脱离教材去看过多的课外参考书和复习资料，这样，既有助于消化教材，又使其各项学习活动有一个中心。

二、掌握阅读技能，提高阅读质量

掌握阅读技能就是要学会正确阅读教材的方法。根据思想政治课教材的特点，阅读时，应集中思想，边读边思考分析；要根据教师的阅读提纲或提示，认真阅读，抓住关键。概念、原理、观点等是阅读的重点，要仔细分析，弄清概念、原理、观点的实质以及有关结论的推导过程和思路，明白其采用了什么样的证明方式，引用了哪些典型的材料；要仔细领会课文中是如何由一

个或几个特例上升到一般原理或结论，反过来又是如何用特例去进一步加深对一般原理或结论的解释。这就要求学生在阅读时不但要注意阅读有关的中心和重点内容，还要注意阅读有关材料的引言（为引入新概念、新原理设置的材料）和结论，并结合自己的经验和已有的知识认真领会其中的内涵，力求真正理解新引出的概念、原理的抽象概括过程。

对较高年级的学生，随着其阅读能力的提高和自学能力的增强，只需按以下步骤进行阅读即可：粗读（重点放在概念、原理、观点的引入和重要概念、原理、观点本身上，初步感知有关的知识框架）——生疑（经过思考，提出问题）——精读（带着疑问细致地阅读）——回忆（阅读后尝试回忆，检查阅读效果）——概括（总结概括归纳有关的知识要点及重要思想方法）。

三、根据教师的指导和提示，设置阅读问题，把握阅读重点，顺利通过难点

我国著名教育家朱熹讲道："读书无疑者，须教有疑。有疑者却要无疑，到这里方是长进。"这就要求在开始培养阅读能力时，不论是教师讲授前的阅读还是讲授后的阅读，都应充分挖掘教材中理论联系实际的宝贵资源，加大理论联系实际的力度，把一些新材料、新信息引进课堂，精心组织设置一些阅读思考题，带着疑问去阅读，这样不仅可以在重点、关键地方多分析、多思考，把握教材的重点，顺利通过教学难点，而且还有利于培养用学过的理论分析、说明国内外形势中的事物的习惯，从而体现出思想政治课关于知识—能力—觉悟教育教学的要求。

四、合理安排，留有分析思考余地

阅读最忌流于形式，如有的学生只安排短时间的阅读，也没有阅读的重点或问题，只是泛泛而读，结果没有时间分析思考阅读的内容，不仅达不到阅读的目的，而且还浪费了时间。因此，阅读时间一定要估计好，留有分析思考的余地，能静下心来仔细体会，保证通过阅读基本上能记忆并初步理解教材中的主要内容，而且能够较好地回答设置的问题。思想政治课教材的阅读不同于其他的文字科目，讲究的不是阅读的速度和数量，而是重在分析、思考和体会，所以要保证有足够的阅读时间。

五、重视复读，提高阅读能力

复读是一节或一单元的内容学完以后进行的复习性阅读，目的是既温故又知新。具体阅读任务是：通过阅读，能把本节或本单元的主要知识点按一定的秩序加以整理、归纳，使之系统化、概括化，以形成纲要或图表，更好地理清知识点之间的关系，加深记忆；提炼学习方法，把本章节或本单元中的理论思路明确化，以加深对学习方法的认识；对教材中相关的或相似的概念进行比较，进一步深化对概念、原理的理解；使上一章节或单元同本章节或单元有因果关系的知识点网络化等。

复读时可以边做一些相关的作业，如分析某一个原理及其运用的条件、应该注意的事项，解释教材中典型材料的证明过程和运用的方法，列举新的材料从中抽象出可以使用的原理、观点，用自己能理解和使用的方式来表述一个概念、原理、观点的内容等。

通过复读还可以了解教材的一般编写结构，整本教材的知识体系，以便从宏观上把握教材，理清教材的脉络。

总之，只有抓住教材阅读的基本特点，善于进行有效的阅读，才有利于培养"提取有效信息"的能力，从而取得较好的学习效果。

（原载《起跑线》2004 年第 12 期高二版）

思想政治课教学发现问题情境的创设

在教学中，问题情境一般有两种：一种是呈现问题的情境，即教师通过语言文字、教材或其他教学手段向学生提出有关的问题，这类问题一般都有已知或现存的解决方案和方法；另一种是发现问题的情境，即教师并不向学生呈现明确的问题，而是通过各种教学手段在教学中设置具有一定难度的、需要学生努力而又是力所能及的学习情境，让学生通过对有关现象、事例、现实生活或其他学习材料的感知，独立自主地发现问题和提出问题。

重视发现问题情境的创设是为了帮助学生更好地获得知识和提高能力。传统教育把知识看成是一种教育结果，它关心的是传授给了学生"多少"知识。素质教育则把知识看作是一种过程，它除了关心所传授的知识的数量外，更关心的是"通过什么途径和方法"使学生获得知识，即学生能力的提高。因此，重视发现问题情境的创设，乃是素质教育有别于传统教育的基本特征之一，也是激发学生学习兴趣、提高教学质量和学生能力的重要手段。

一、发现问题情境的创设途径

问题是教学的中心。思想政治课的教学过程应当是一个不断地创设发现问题情境以利于学生提出问题、进而解决问题的过程。因此，教师无论是在教学的整体过程，还是在教学过程中的某些微观环节，都应重视发现问题情境的创设，使学生进入问题思考者的"角色"。在教学中，教师创设发现问题情境的方式可以有以下几种：

1. 呈现想要加以理论讲解的现象或事实——创设问题情境

教授一个全新的概念、观点往往可以采用这种方式。比如在教学商品知识时，先给学生呈现一些常见的现象：人们生活中必需的柴、米、油、盐、酱、醋、茶，都得花钱买；学生用的书、笔、纸、墨等也是花钱买的。那么，这些花钱买来的东西有哪些共同的地方？人们为什么要买这些东西，而且还得花一定数量的钱？这就给学生学习新概念、观点创设了一个较好的问题情境。

2. 通过列举典型的事例——创设问题情境

在教学"商品的价值和使用价值"这部分内容的过程中，教师可以先给学生举一个社会经济生活中的典型例子：某县近年来大力发展河蟹育苗业。由于幼蟹特别喜欢在水草上栖息，农民要在蟹棚放置大量水草，因此，水草需求量猛增，该县一年的水草需求在 400 万千克以上。于是，水草价格倍增，每千克水草卖到 2 至 3 元，出现"水草价格赛韭菜"的现象。对这样的经济现象，学生在学习相关知识之前难以做出正确的解释，因而容易产生学习兴趣和解答问题的需要，进入问题情境。

3. 通过激发学生思想上的矛盾——创设问题情境

现在的学生思想异常活跃，社会上不同意识形态、不同价值观在其思想上都会有所反映，因此，在他们的思想认识上往往存在较多的矛盾和困惑。比如讲社会主义经济制度和社会主义公有制的优越性时，学生在认识上总会有这样的想法：既然社会主义制度具有巨大的优越性，那为什么我国还存在较多的腐败现象？为什么国有大中型企业往往经济效益不高？为什么世界上大多数国家都"选择"私有制？对这样的认识上存在的问题，教师若能根据学生的实际情况，结合课本理论，有意识地激发，并加以正确的指导和提示，就能收到较好的成效。

4. 联系学生生活实际——创设问题情境

家庭、学校、社会都有大量学生感兴趣的问题。在生活中，学生已经接触到许多与学科理论有关的生活事件，形成了政治学习的前概念和相应的认知结构，其中有许多与自己前概念和认知结构相矛盾的体验和相应的问题。教师在教学时要使政治理论贴近学生生活、联系社会实际，恰到好处地利用学生的生活经验和事件来创设发现问题的情境。

比如在教完"市场经济"的相关内容后，教师可联系学生生活给这样一段文字材料：近一段时间，因为媒体的报道，人们对自己餐桌上的食品越来越不放心了。先是"毒大米"，然后是"敌敌畏"浸泡的"毒火腿"，传统的假酒，还有"染色鱼""染色化工红心鸡蛋"。震惊全国的安徽阜阳劣质奶粉害婴事件，更让人们对食品安全深感忧虑，甚至有人发出"现在我们还能吃什么"的感叹。这段文字创设了一个较好的问题情境。

利用学生的生活事件或经验来引发学生自我发现问题的情境，要注意：一是要选择与学生生活经验相关的教学素材；二是尽可能让学生发散性地提出相关问题；三是要引导学生对问题进行讨论与筛选，选择切合教学要求的问题来进行教学，而并不是刻意追求解决所有问题。

二、发现问题情境的创设要注意的问题

重视发现问题情境的创设是为了帮助学生更好地获得知识和提高能力，是为了提高学生的学习兴趣和学习积极性，克服"闷课"现象，营造一种充满活力和灵气的课堂气氛，进而发展学生的思维，使学生"乐学""会学"。因此，在教学过程中不能为了情境而创设情境，而要根据具体的教学需要而创设。具体来说，发现问题情境的创设要注意以下几方面：

1. 教学中师生关系要发生根本的转型

在教学中，教师要从知识的传授者和占有者，转变为学生学习的促进者、合作者和学习者。这就要求改变

教师单纯传递知识的教学做法，而转变为激励学生思考，发现问题，提出问题，解决问题。教学要真正让学生具有话语权，教师要学会"沉默"，少教授，多平等地参与。学生在学习中的主体地位并不意味着对教师主导作用的否定，教师要花时间与精力进行发现问题情境的创设及教学的富有创造性的管理和组织。同时教师也成为一名学习者，因为学生发现的问题和提出的问题及其解决，可能与教师的认知或预计相冲突。很多情况下，教师要在学生面前坦率地承认自己的不足，与学生共同研讨和思考。在这一教学过程中，教师本身也是不断充实、丰富、完善自己的过程。

2. 要留给学生足够的"等待时间"

传统的教学中教师往往没有耐心等待学生自主的学习活动，以至于学生没有时间进行思考，从事发现问题和提出问题的活动。在发现问题的情境创设中，教师要注意留给学生足够的"等待时间"：一是创设发现问题的情境后等待的时间；二是教师对学生的问题做出反应所等待的时间。适当延长"等待时间"有重要的学习效果：如学生提出问题的质量提高，猜测性提问和回答增多，推理活动增加，问题多样化，问题和回答的灵活性增大，提问的数量和类型多样，学生特别是差生的学习自信心会增大、期望效应会提高。总之，增加"等待时间"有助于把传统的课堂教学转变为发现学习的情境。教师在教学中应根据教学目标、教学内容、学生实际，来增加"等待时间"。

3. 教师教学理念的同步跟进

与传统的教学相比，创设发现问题的情境需要较多的时间：许多学生缺乏发现和提出问题的能力和习惯，教学过程中会出现比较"乱"的局面；教师教学方法的改变，也有一个从"变革"到"常态"的适应过程。因此，教师自己在教学理念上要有突破。首先，要在思想上认识到自由、宽松地发现、提出和解决问题的情境，有利于学生能力的培养；要鼓励学生勇于质疑、大胆提问，让每一个学生都认识到，即使他们的问题看起来荒诞可笑或不着边际，也值得表达出来与他人分享和共同研究。第二，要意识到提高学生的能力不可能一步到位，学生发现和提出问题有一个从"不会"到"会"的过程，需要在自主实践活动中来培养。第三，教师要作为学习共同体的平等一员，参与到学生发现、提出和解决问题的过程中，并恰到好处地组织好教学；同时教师要尽可能减少低效或无效的教学活动，以增大学生自主地发现、提出和解决问题的学习活动。

4. 积极尝试形成自己的特色

创设发现问题情境的途径也多种多样，基于学生问题的教学方式也是不拘一格。但作为一种教学方法，应该和教学风格、教学艺术结合进来形成特色，只有形成特色才能对学生起到吸引、熏陶、渗透、愉悦、审美、思维、启迪的作用。教师应当努力去尝试基于学生问题的教学研究，让学生自主地建构问题，自主地设计问题解决的方案，自主地进行问题解决，自主地对问题解决的过程与结果进行评价。

（原载《江西教育》2007 年第 3 期，转载于中国人民大学书报资料中心《中学政治及其他各科教与学》2007 年第 7 期）

浅谈政治学科学生表达能力的培养

所谓表达能力，是指运用语言文字阐明自己的观点、意见或抒发思想、感情的能力。随着以突出能力考查为核心的高考改革的不断深入，学生规范化答题的问题也日益显现和暴露出来。高考所要考查的各种能力最终要通过学生在答题过程中以文字的形式反映在试卷上，而越是能力测试型的题目，对学生表达能力的要求就越高，需要学生依据学过的概念、原理，用恰当的政治学科专业术语准确地阐述自然现象、社会现象及其规律和道理，解释人类经济生活和社会发展中遇到的经济问题、哲学问题和政治问题。"恰当运用经济、哲学、政治术语，条理清楚、逻辑严密地表述"正是这一要求的体现。培养学生的表达能力应该是政治课教学的重要目标之一。

表达能力作为一种综合能力，可以分为两个层次：提取有效信息能力、语言文字表达能力。优化教学设计，充分发挥学生的主体作用，是培养学生表达能力的行之有效的方法。

一、提取有效信息能力的培养

提取有效信息进行科学、合理的判断、推理、归纳、预测是正确表达的前提。"提供信息、设置情境、考查能力"是文科综合能力测试命题的重要方式。政治学科试题新情境的创设，从内容上看，多以现实生活中的有关理论问题和实际问题为背景进行命题。主要有：党和国家的工作热点、社会生活的热点、一般社会现象和大家熟知的自然现象等。考生要答好题，首先必须正确阅读、理解试题所给的材料，正确选择、使用适当的材料，以便提取新情境中的有效信息，说明、解释并创造性地解决问题。对材料的运用概括起来有两个方面：一是针对某一问题，在材料中寻找与其有关的信息；二是对材料进行归纳，提出问题。不论是哪一方面，都要求对材料运用的有效性。因此，"提取有效信息"，是正确解题的关键。

针对这一特点，我们在平时的学习过程中，要进行一定量的有针对性的练习，学会从题目材料实际出发，提取有效信息，提高分析、说明、解释有关问题的能力，努力纠正审题不认真、生搬硬套的不良习惯。

现行高中政治教材有一个明显的特征：基本理论观点与较为丰富的感性材料相结合。这就为我们把"教材"变为"学材"，培养提取有效信息的能力提供了方便。学生要善于在教师的指导下，阅读分析课文，领悟和把握观点与材料的内在联系。还要在教师指导下培养阅读分析课外资料，尤其是阅读分析重要时事政治资料的兴趣和习惯。

1. 从材料到观点，培养归纳能力

从材料到观点就是先阅读感性材料，然后尝试回答材料包含或反映了什么基本观点。从学生的认识上讲，归纳性阅读的理解过程是一个由感性认识上升到理性认识的过程，有助于培养学生的"悟性"（领悟材料中包含的基本观点）。从逻辑上讲，这是一个由特殊到一般的归纳过程，有助于培养学生的抽象思维能力。例如，对价值规律作用的理解，学生可以现实生活的事例开始："海尔集团始终瞄准国际先进技术水平，搞技术创新，通过引进国外公司的关键技术和先进设备，与有关研究机构联合开发，全部消化了所引进的技术，开发出了具有世界先进水平的各项产品；同时进一步完善售后服务，从而大大提高了海尔的市场占有率。"然后通过阅读材料，归纳其中蕴含的经济学道理。运用这种方式，学生学会自悟其理，比单纯教师的讲授要好得多。

2. 从观点到材料，培养演绎能力

从观点到材料是指学生带着观点阅读材料，理解观点在材料中的体现。从学生的认识上讲，阅读过程成了对基本观点的理解和接受过程。从逻辑上讲，这是一个由一般到特殊的演绎过程。通过这种方式，可以巩固和深化对观点的理解，同时还有助于培养学生初步运用所学观点分析材料和理解相关现象的能力。例如，关于市场经济的四个一般特征，教材列举了较为丰富的材料，学生在学习中把每个特征同其对应的材料联系起来阅读即可，一般就不再需要教师过多的讲解。

3. 从材料到材料，培养求同概括能力

思维具有间接性和概括性。思维能够从许多个别事物的各种各样的属性中，抽象概括出同类事物的内在的本质属性。通俗地说，思维能够从"不象"中抽出"象"来。从材料到材料，就能使学生能够从许多材料中概括出内在共同的本质。例如，"国有大中型企业是国民经济的支柱"这一节，教材上提供了多组材料让学生求同阅读，分别从国有大中型企业在国民经济中的比重、国民收入中的比例、拥有的资产和技术水平等方面，学生可以从材料阅读中推导出国有大中型企业是国民经济的支柱的结论。

4. 从观点到观点，培养分析综合能力

事物是普遍联系的，人类的知识也是相互联系的。思维应全面地反映客观事物，反映知识之间的内在联系。从观点到观点，就是要求学生阅读分析材料时充分寻找材料之间的联系，用多维的思路从多角度寻找相关知识分析材料，并鼓励学生在思考过程中有某种创造性的发现或认识，使学生掌握全面的知识，在头脑中建立起知识网络。例如西部开发问题，学生可尝试自己从经济常识、哲学常识、政治常识分析西部开发必须加快基础设施建设，改善生态环境，发展特色经济以及国家对经济的宏观调控、经济结构调整的意义等。

5. 从现象到本质，培养辩证思维能力

"既要知其然，又要知其所以然"，要求我们认识事物必须透过现象分析说明事物的本质。透过现象把握本质是认识的根本任务，其根本目的是为了指导实践活动获得成功。对于政治学科来说，我们就要善于运用历史的、辩证的、阶级的观点和方法分析、说明事物变化的原因，把握同类中相同现象的区别，弄清不同现象之间的相同点及联系，透过现象把握本质，推断、预测社会现象变化发展的结果，以便指导实践活动。

思维的批判性和严密性是辩证思维的具体化。学习中要注意有理可辩，且辩得有价值。特别是一些似是而非的问题材料，学生要有"不辨不舒服，辨了才清楚"，产生解决矛盾的强烈欲望。通过"思辨"、讨论等方式，以辨明理，并有效地克服非此即彼的思维方式，培养思维的辩证性。

二、语言文字表达能力的培养

思维方法和语言文字有着不可分割的联系。思维对客观事物的反映是借助语言文字来实现的。中学生由于受其身心发展规律的制约，语言文字运用能力与其思想能力不相适应，"想得到、说不出、写不来"词不达意、文不对题的情况经常出现。因此，培养语言文字能力，消除语言文字障碍，应该成为政治课学习的目标之一。

1. 充分利用课堂讨论：培养语言表达的规范性

根据生活和学习的经验，中学生的语言表达能力和书面表达能力都已具备了一定基础。教师也会组织相关的课堂讨论，使学生这两个方面的能力都得到发展。讨论中学生既要注意语言的灵活性，又要注意语言表达的规范性，努力使口头语言上升为书面语言。讨论时要有知识可用、有道理可讲，积极运用课本知识，防止空洞说理，"纸上谈兵"。经过多次的练习，自然会有一个较为全面、深刻的理解和表达。

2. 背景材料分析：培养语言文字表达的条理性

分析是在思考中把客观对象的整体分解为各个部分、方面、因素，并加以认识的方法。分析必须借助于语言来进行，从而有有利于促进语言表达能力与认识能力的结合与统一。对难度较大的材料可在教师做示范分析的前提下，先进行模仿；难度适中的材料，可直接进行分析。分析过程中，先说什么，后说什么，关系到语序的合理安排、语言的优化组织，经过长期训练，必能促进语言组织能力和运用能力的提高。

3. 研读教材、典型高考例题及参考答案：培养语言文字表达的准确性

培养准确无误的文字表达能力，应充分利用教材。教材是文字表达最优秀的典范，其遣词造句是精雕细刻之作。学生要细心地去研读它的字、词、句，从中领会文字表达的特点和意义。要准确地理解学科概念，如市场经济与社会主义市场经济、物质和物质的具体形态、权力和权利等，在平时的学习中要善于发现问题并及时纠正自己在文字表述上出现的错误。

高考试题是经过命题专家精雕细凿的，其中的绝大多数属精品佳作，学习过程中要认真研读这些例题及答案。首先要仔细审题，掌握正确的解题思路。高考试题的设计，都有独特的意图，并通过文字合乎逻辑地显示出来。因此，考生答题，就要透过题面，理解题意，找准关键或重点，才能正确组织答案。其次，认真分析高考例题答案，体会其文字表达。政治高考试题的答案无

论在理论与实际结合、语言简练、逻辑缜密，还是在格式的规范化方面都堪称表率。加强对高考试题答案分析，主要分析为什么要这样表述，否则将会产生什么不良结果，以此来加强学生语言文字表达能力的培养。

4. 尝试写政治小论文：培养文字表达的科学性和专业性

学科不同，语言表达也就不同。各学科各有自己的特点、学科语言。政治学科答题时所用的语言必须清楚、准确，而且要合乎政治学科的要求，一定要使用政治术语，而不能用创造的语言和概念及其他流行在社会上或家庭中的俗语。学生通过写小论文，可以较好地实现学生语言表达的科学性和专业性的目的。

（原载《高中生之友》2009 年第 5～6 期合刊）

也谈高中政治课堂教学的预设与生成

　　新课程理念强调课堂教学的预设，即指在教学活动实施前，教师对课堂的教学过程和所要达到的目标进行预测或者假设，是教师课前进行的有目的有计划的设想与安排。预设表现在课前，指的是教师对课堂教学的规划、设计、假设、安排，从这个角度说，它是备课的重要组成部分，预设可以体现在教案中，也可以不体现在教案中；表现在课堂上，指的是师生教学活动按照教师课前的设计和安排展开，课堂教学活动按计划有序地进行；表现在结果上，指的是学生获得了预设性的发展，或者说教师完成了预先设计的教学方案。

　　新课程理念同时也强调生成，认为生成是生长和建构，即课堂目标的实现，是在由老师、学生、教学资源等多种因素中，相互促进知识与能力、思维与习惯等建构的一个教学过程，是师生共同成长的历程。生成性教学是一种需要规则但在适当的时候又敢于放弃规则的教学，是一种遵循规律但又不局限于规律的教学，是一种关注教师也关注学生的教学。

　　在高中政治课堂教学中，我们既要注重精心的预设，也要注重精彩的生成。一方面，精心的预设是教师发挥组织者作用的重要保证，它有利于教师从整体上把握教学过程，使教学能有序地展开，从而提高学生学习活动效率和教育教学活动的质量；另一方面，创造性的生成是"学生为本"的体现，它有利于提高学生自主探索的积极性和创造性，使教学过程充满生命活力，使学生对所学内容真正做到"知、情、意、信、行"的统一。

一、实现高中政治课堂教学预设与生成有机结合，必须从教师开始

1. 教师应做课堂教学的研究者

一方面，新课程实施过程中所出现和遇到的各种各样的新问题，都是过去的经验和理论都难于解释和应付的，教师不能被动地等待着别人把研究成果送上门来，再不假思索地把这些成果应用到教学中去。另一方面，政治课具有极强时代性，强调理论和实践的结合。这就意味着，教师在教学过程中要以研究者的眼光审视和分析教学理论与教学实践中的各种问题，才能使教学具有针对性，教学效率才能得到提高。

2. 教师应注重培养教育机智

科学而艺术地把握课堂教学中的预设与生成需要高超的教育机智。一名好的教师之所以称其为"好"，就在于他能够在具有复杂性、独特性和多样性的教育情境中，围绕预定的目标，采取适合教育情境的教育行为或操作方式，从而有效地、经济地实现教育教学目标。教

育机智绝不仅仅是教师先天的教育天赋使然，更重要的是教师在后天教育活动与教育环境中，经过磨炼与感悟而逐渐获得的。

3. 教师应不断加强教学反思

在教学前进行反思，可以把以前的生成纳入现有的预设范围，拓宽预设的可能性；在课堂中进行反思，有助于及时调整、改变和充实预设，使预设不断完善；在课后进行反思，对课堂教学进行回顾、检讨，总结和提炼有效的预设和生成，才能既为下一阶段的教学提供经验教训，又能够提高自我觉察水平来促进能力发展。善于反思、总结才能在课堂教学中从容不迫、游刃有余地处理教学中的一些突发事件，并把这些突发事件生成为重要的教学资源共享源，产生意想不到、预设不到的教学效果。

4. 教师应引导学生更新学习观念

在传统的政治课堂上，学生"上课记笔记、下课看笔记、考试背笔记、考完全忘记"，缺乏学习的主动性和创造性，是一种吸收式的被动学习方式。新课程理念强调，学习的过程是学生自己建构自己知识体系的过程，这样的学习是建立在尊重学生的不同个性与经验的基础上进行的学习，因此，它是一种引发学生内部动机的学习，而不是从外部进行的灌输的学习。因此，要想实现课堂教学中预设与生成有机结合，教师必须引导学生认识到自己在学习上的主体性地位，主动学习、主动建构，将"要我学"转变为"我要学"。

二、实现高中政治课堂教学预设与生成有机结合，必须科学处理预设与生成的关系

1. 精心预设、科学预设是课堂教学质量的保证

第一，深入解读和把握课标与教材。课标和教材是教学的基本依据，因此，教师首先必须深入钻研课标和教材，准确把握课标的各项规定和要求，读出教材的本意和新意。只有把课标规定、教材内容内化为自己的东西，才能具有走进去的深度和跳出来的勇气，在此基础上才能结合学生生活经验和社会发展去进一步挖掘和追求教材的延伸意义和拓展意义，形成对教材的个性化解读，催生和捕捉有价值的生成。否则，所谓的个性解读和生成就会失去根基和方向，教学实践中出现的诸多生成误区都是源于对文本的忽视和误读。以必修1《经济生活》第九课第一框"市场配置资源"的教学为例，讲"合理配置资源的必要性"这一内容时，应主要讲资源有限性与人类需求无限性这对矛盾。"资源有限性"应表现为总量有限和一定时期、社会范围内人们能加以利用的资源是有限的；"需求无限性"应表现为多样性与用无止境两个方面。但很多教师对待这一知识点只是从总体上分析了二者的矛盾，并没有做更深入的研究和分析。还有教师在分析"为什么要配置资源"时与"构建节约型社会"相联系，但并没有注意到"配置与节约"二者既有联系也有区别，前者强调资源安排到哪里，后者强调尽量少用、不浪费资源，所以不能等同。因此，只有对课标和教材进行了准确的解读，我们才会做出比

较科学的预设，并能较为准确地把握、及时地促进课堂中随机的生成。

　　第二，全面了解学情，充分估计可能出现的问题。在新课程的教学中，教师必须在课前对自己的教学任务有一个清晰合理的思考、明确的安排，自觉预估课堂教学中师生、生生、生本等多方对话而出现的"非预设性"生成。因为教学过程本身是一个动态的建构过程，这是由学生原有的经验、各自的知识结构及个性等多方面的差异性和复杂性决定的。教师备课必须从学生出发，从学生现有的体验水平、理想、情感、态度现状出发，分析文本，制定多维目标，然后依据目标预设几种有助于学生学习的思路，尽可能多地将学生在学习中可能出现的情况预设到，为课堂生成奠定基础。以上述教学内容为例，学生对资源的配置问题可能不是很关心，对构建节约型社会更不甚了解，因而必须通过一定的方式拉近教学内容与学生的距离，从而便于其理解和接受相关的内容和道理。当然，课堂教学中不可测的因素很多，预设实施中总会遇到意外，或者预设超越学生知识基础，学生力不从心；或者预设滞后学生实际水平，学生不感兴趣；或者预设未曾顾及学生的认识特点，学生不愿参与。此时，就需要发挥教师教育机智的作用。总之，只有精心的预设，使预设贴近实际，贴近课堂，贴近学生，尽可能预计和考虑学生学习活动的各种可能性，减少低水平和可预知的"生成"，才能激发高水平和精彩的生成。

　　第三，教学目标设计全面科学。教学目标的预设，要按照新课程的要求，从知识、能力、情感态度价值观三个维度进行预设。当然，根据不同的教学内容，三维目标的预设也应有所侧重。仍以上述教学内容为例，"市场配置资源"教学目标的预设就应包含以下三个方面：知识上，理解合理配置资源的必要性、市场配置资源的具体机制；能力上，着重培养学生全面认识市场配置资源优缺点的能力；情感态度价值观上则要树立学生的竞争意识、秩序意识。对于本课题的学习，知识不是最重要的，学生学完后的情感态度价值观的形成才是最为重要的。

第四，教学方案弹性留有余地。新课程在教学过程中强调动态生成，但并不主张教师和学生在课堂上信马由缰式的展开教学，而是要求有教学方案的设计，并在教学方案设计中就为学生的主动参与留出时间与空间。预设目标和过程设计要有"弹性区间"，这既是为了顾及学生之间的差异性，也考虑到期望目标与实际结果之间可能出现的差异。例如，在教学必修 1《经济生活》第三课第一框"消费及其类型"时，教师在预设家庭消费支出时往往习惯于吃、穿、住、用、行等传统消费支出，而学生在学习过程中可能会列举出许多新的费用支出，如保姆费、钟点工费、家教费、上网费、手机费等。如果教师预设的方案没有弹性，就无法增加新内容，从而使教学脱离学生的生活实际。在实际教学过程中，教师适时留出空间，鼓励学生根据自己家庭的特点，说说家庭消费支出项目还有哪些，这无疑会极大调动学生学习的积极性，自然课堂中的"三维目标"也就在无形中达成了。

2. 精彩生成、有效生成是课堂教学生命力的体现

第一，在问题中生成。现在的学生思想异常活跃，社会上不同意识形态、不同价值观在其思想上都会有所反映，因此，在他们的思想认识上往往存在较多的矛盾和困惑。例如，在学习必修 1《经济生活》第四课第二框"我国的基本经济制度"一课时，结论部分讲社会主义经济制度和社会主义公有制的优越性，学生在认识上总会有这样的想法：既然社会主义制度具有巨大的优越性，那为什么我国还存在较多的腐败现象？为什么国有大中型企业普遍不景气？为什么世界上大多数国家都"选择"私有制？对这样的认识上存在的问题，教师若能根据学生的实际情况，结合课本理论，有意识地激发，并加以正确的指导和提示，就能收到较好的成效。

第二，在质疑中生成。高中政治课教学特别强调观点的认同，但这并不等于否定学生的质疑。实际上，质疑与认同是一对矛盾，既对立又统一。教师要培养和善待学生的质疑品质，引导学生在质疑中有所生成并有所认同。以上述教学内容为例，教学预设是给定几则材料通过学生的探究活动得出"以公有制为主体、多种所有制经济共同发展"等结论，培养学生提取"有用信息"的能力。在学生实际探究活动中，有学生认为，个体经济、私营经济、外资经济就是私有制经济，叫"非公有制经济"只是叫法不同，其实质是一样。此时，教师应充分利用学生这一质疑，讲清私有制经济和非公有制经济的实质，以及同基本经济制度关系的不同，这样学生

才能对我国的基本经济制度有切实的把握。除了重视学生自发形成的疑惑之外，教师更应倡导质疑思想，可以根据教材的内容，结合学生心理发展的规律，在教学的关键处设置疑问情境，人为制造动态生成的"节点"，激发学生的学习兴趣，引起学生认知的冲突和探究的欲望。

第三，在及时纠错中生成。课堂上学生的错误往往被我们忽略，但这是课堂生成的一部分，如何利用错误使生成有效，是值得思考的一个问题。一位著名的特级教师说过：教 $3+2=5$ 的老师是合格教师，教 $3+2=?$ 的老师是好教师，而用 $3+2=6$ 来教的教师才是优秀教师，因为"错误"可以激发学生的心理矛盾和问题意识，更好地促进学生的认知发展。由于学生的经验和认知水平等原因，难免会出现一些错误，这正暴露了学生在学习过程中的真实思维，反映出学生在知识建构时的障碍。一般情况下，只要学生经过思考，其错误中总会包含某种合理的成分，有的甚至隐藏着一种超常、一种独特，反射出智慧的光芒，教师若能慧眼识真金，让学生充分展示思维过程，就能显露出错误中的"闪光点"。给予鼓励与赞赏，将合理成分激活，引导学生对自己的思维过程做出修正，那么"错误"也就成为课堂教学中的一种宝贵资源。例如，在学习高中思想政治必修 2《政治生活》第六课第三框"共产党领导的多党合作和政治协商制度：中国特色的政治制度"时，有学生认为我国的政党制度实际上就是"一党制"，这恰恰反映了学生在认识上的误区，教师如果采取简单的方式处理，一个"错"字了得，那显然无助于学生认识误区的澄清，甚至会加深学生的误解。相反，教师如果顺势利导，"借题发挥"，将我国的政党制度与西方的一党制、两党制和多党制进行比较，并结合我国的经济制度、社会制度、历史和现实状况进行必要的分析，不仅会澄清学生的认识，还会让学生更加理解和认同我国的政党制度及其优越性。合理利用教学中出现的"错误"资源，让"错误"为教学服务，不仅有利于呵护学生的自尊，增强学生的自信，也有利于促进课堂教学的生成，加深学生对所学内容的理解。

（原载《江西教研》2009 年第 9 期）

思想政治课教学中让学生主动建构

尽管目前各地各校都在进行课改，但在实际的政治课教学中仍然不能回避这样一个事实：重知识传授，轻能力培养；重教材灌输，轻学法指导；重理论知识，轻实践环节；学生负担越来越重，课堂教学效率不高。教师上课讲条条，学生学习缺乏理解，不会运用所学观点解决实际问题，教学达不到获知、明理、导行的目的。传统的教学方式，使学生成了被动的、机械的知识容器，抑制了学生的创造性。学生对政治课缺乏兴趣，甚至产生逆反心理，厌恶政治课，连带厌恶政治老师，导致教育教学目标无法实现。

产生上述情况，究其原因是多方面的，但教师的授课方式单一、唱独角戏、照本宣科，是造成学生不爱学政治课的主要原因之一。建构主义教学理论认为，知识是人的心灵在与外界客体相互作用的过程中从内部生成的。人的心灵具有自觉能动性，学习过程是主动建构的过程，是对事物和现象不断解释和理解的过程，是对既有的知识体系不断进行再创造、再加工以获得新的意义、新的理解的过程。教师和学生分别以自己的方式建构对世界的理解，教学过程就是教师和学生对世界意义进行合作性建构的过程，而不是客观知识的传递过程。以建构主义理论为基础的新课改要求教师在课堂上不应该是一个"演员"，而应该是一个"导演"。教师的角色由"演员"转变为"导演"，这不是一个角色的简单转变，而是一种教学理念的转变。这就要求教学过程中要建立起平等的师生关系，使学生体验平等、自由、民主、尊重、信任、同情、理解和宽容，形成自主自觉的意识、探索求知的欲望、开拓创新的激情和积极进取的人生态度，以达到师生共同合作完成知识建构的目的。因此，在具体的教学中，既应突出教师的主导作用，更要发挥学生的主体作用，让学生主动去建构。

一、引导学生"读"

"读"是问题的切入点，认识的基础。现行政治课教材，增强了教材的可读性，教材坚持从基本事实出发，从感性到理性，从具体到抽象，有比较典型的事例或生动形象的故事，引出和说明基本道理和观点，适应了学生的认识规律，为学生读好读懂提供了前提条件。心理学家的实验表明，人们获得的信息绝大部分是通过视觉输入的，而且通过视觉输入的信息比通过听觉输入的信息所能保持的时间要长得多，足见读是一种获取知识的重要手段。

"读"是学生在教师指导下根据学习目标通读教材内容，并且根据目标的不同要求采取不同方法的读，以达到对本节课内容的初步的整体性的有重点的了解。具体做法和要求是：（1）教师展示导读目标，激发求知兴趣，把学生引入读书情景。（2）根据目标要求引导学生采取不同阅读方式：①"鸟瞰式"读。以较快的速度通读全文，通过提炼文中关键部位的关键性语句，把重点内容从全文中区分出来，加以理解，从而把握全文中心的读。其特点是"快"。②"理解式"读。是一字一句、一层一段地对全文进行分析、综合、概括、归纳，不限制阅读速度，允许回视。③"消化式"读。它是研究如何为"自己所用"的阅读，是和教材讨论地读，读后总结出教材的中心，然后探讨怎样把所学到的知识运用于解决实际问题。（3）在阅读中进行动笔训练，就是我们平常所说的"画""圈""点""标"，即边读边思考的同时让学生画概念、观点、重点段、关键词；在字里行间或左右空档标上需要注意的问题，边读边列出知识要点或疑难问题等。（4）在阅读中思考，把浅层的知识在读中自行消化，即把不用跳就能摘到的"桃子"先摘下来。"读"的目的是了解课文内容，建立初步的知识结构体系。

引导学生"读"，能及时引起对问题的思考，由于它是由教师组织起来整体进行的，因而能促使每个学生在读时很快地进入自我认识状态，依据导读提纲寻求答案。这就比较好地克服了把学生当"观众"、老师当"演员"的传统教法，从而从根本上改变画杠杠、背条条，只求现成答案的不动脑筋的被动倾向，代之以让学生主动参与教学、积极思考问题、敢于动手操作。

二、鼓励学生"写"

黑板一般是教师板书的地方，但还是可以让一部分出来，让学生到黑板上来板演。学生"读"得如何，关键在于检查。检查的方法很多，但请 2～3 名学生上黑板把知识结构等在黑板上板演出来一是可以节约时间，而且 2～3 人比较，能分出其读的认真程度，功底的厚薄；二是可以防止学生在"读"的过程中走马观花、蜻蜓点水。由于当堂板书，还可以减少滥竽充数；三是可以刺激学生的好胜心、成功感、表现欲；四是学生获得了锻炼的机会，真正发挥了作为"演员"的作用。学生板演以后，教师要当场点评，指出正确和错误，分析学生思考问题的思路或建构知识体系的角度。当然，也可以请学生点评，让学生相互间补充或修改，发挥生生互教作用。

三、激发学生"议"

叶圣陶说："上课就是在教师指导下的讨论。"老师要把认识中的矛盾和困难交给学生，让他们去尝试解决，将学生置于学习和认识的主体地位。教师应鼓励学生大胆发言、大胆质疑、大胆讨论。这种大胆精神，可以培养学生的创新思维，让学生学会积极思考，通过认真准备、热烈讨论，使学生获得正确认识或进一步得到巩固和深化，原来不够清楚、掌握不够准确的认识得到及时纠正，发挥学生主体思维的共振效应。如讲到"消费"的内容时，设计一些问题交给学生讨论："为什么要树立正确的消费观？我们周围的人是怎样消费的？消费是否科学？表现在哪些方面？作为青少年，你在消费问题上能做些什么？"让学生对这些问题进行讨论，进行认识上的交锋、碰撞，互相启发，互相交流，既获取了知识，又提高了认识。由于学生在讨论中既要认真听取别人意见，积极思考，又要组织材料和语言来发表自己的观点、意见，不仅使学生进行了良好的思维训练和语言训练，而且对激发学习兴趣、培养成功感等具有重要意义。

当然，学生对教材的"读""写""议"不可能全面、准确、无漏，甚至有的认识还很肤浅，或者挂一漏万，或者分类不当，或者出现知识点错误，或者拾之皮毛。这就需要教师给予适当点拨，发挥好导向作用。怎么导？首先，要从整体出发，按提出问题—分析问题—解决问题的思路，讲清知识结构的来龙去脉和内在联系。其次，教师要指出重点、难点，在学生"读、写、议"的基础上，根据教材内容与学生学习情况，有针对性地对重点、难点、疑点、热点进行画龙点睛、对症下药的讲解，使学生对所学知识有一个完整准确的理解和掌握，防止学生"胡子眉毛一把抓"，不分轻重主次。再次，要指出学生的不足，引导学生从深层次考虑问题，克服片面性和绝对化乃至浅尝辄止的倾向。经教师精心的导演，学生们领略到政治课是那么的奥妙无穷，那么学生的学习兴趣就会油然而生。

四、重视学生"练"

政治课教学要重视读、写、议、讲的过程，但也要重视结果，也就是要让学生"练"。练的形式有课堂练、课后练。课堂练要保证学生有足够的时间，让学生独立完成作业，并当堂检查学习效果。在"练"的过程中要注意：一是出题不可太难，出的练习题要让学生有感而发；二要重点指出书本知识怎样和实际问题相联系，怎样找准二者的切入点，使其浑然一体；三是要教给学生方法，授人以"鱼"不如授人以"渔"，教师在课堂上的教学最重要的任务之一就是教给学生解题方法。

课堂练能当堂发现问题，及时指正，但课堂时间毕竟有限，所以全面巩固知识还需要课后练。课后练的设计要精心、全面，要突出重点，要有"活"的知识，也要有书上"死"的知识；要体现"双基"要求，反映单元或课时内容的最一般、最具有代表性的基础知识，并提示知识的内在联系，形成知识的网络系统；要多角度多方面反映知识点，使学生更全面、更牢固地掌握知识，提高分析和运用知识的能力；要结合时事政治，把时政内容渗透于练习当中，培养学生关心国家大事的良好品质；要体现学生的层次性，针对学生的认识规律和学习差异设计练习。练习要及时批改、反馈。

五、促进学生"行"

"行"是联系实际，学以致用。人民教育家叶圣陶说："品德教育重在实践，不在于能说会道。"由"信"

到"行",是政治课教学的目的,也是素质教育的内在要求。"行"也是学习,是生活中的再学习,在"行"中培养良好的行为习惯,提高运用知识分析问题和解决问题的能力。

政治课教学一个重要原则是理论联系实际。政治课教学不能局限于教室里,它是课堂教学与课外教学的有机结合。因此,教师需要组织学生进行丰富多彩的活动,可以走出校门,到工厂,到企业,到社区……而教师只是这一个个活动的组织者。比如,在上"非公有制经济"时,带领学生走上街头走访一些个体户,参观私营服装厂等;讲"精神文明建设"时,组织学生到敬老院和老人一起联欢,帮老人打扫卫生等。这样把较为抽象的理论搬到社会这个大环境中,比在狭小的教室里效果要好得多。

总之,新课改要求我们注重学生主体作用的发挥,但主体作用的发挥还是取决于教师作为"导演"这一角色作用的发挥,因此,教师如能充分发挥好"导"的作用,让学生主动去建构,政治课教学就一定会有收获、有发展。

(荣获深圳市 2010 年度高中政治论文评比二等奖)

关注生活，让思想政治课教学更精彩

教学是一种教师与学生的生活过程。新课程改革强调，教学是生活的内容，学习是学生生活的方式，生活是教学的源头，教学要植根于学生生活世界，关注学生现实生活，引导学生不断超越现实生活，改善当下生存状态，提升学生的生活质量。对思想政治课教学而言，关注生活就是要从学生已有的生活经验和生活背景出发，联系生活讲政治，把生活问题政治化，政治问题生活化，体现"政治源于生活，寓于生活，为生活服务"的思想，以此来激发学生的学习兴趣，学会运用政治经济文化哲学的思维方式去观察、分析现实社会，解决日常生活中的问题，使他们有更多的机会从周围事物和日常生活中学习和理解思想政治，体会到思想政治课堂就在我们身边，感受到思想政治课的趣味和作用，体验到思想政治课的魅力。

思想政治课教学要关注生活，首先要建构真实课堂。过去我们教师在教学中总是过多地关注间接经验、书本世界与科学世界，在一定程度上忽视了学生的直接经验与生活世界，在追求思想政治课价值取向的过程中往往充斥着一些假命题、假情境，让学生感觉课堂是不真实的。在思想政治课教学中关注生活，应直接将理论的张力建构在生活世界中，这样对于学生来说，课堂上理论的学习就有了生活意义与生命价值，理论就不再是灰色和枯燥的。

思想政治课教学要关注生活，就要呈现现实生活。生活是思想政治课教学的源头与活水，只有扎根于生活世界并为生活世界服务的课堂教学，才能体现出强大的生命力。高中思想政治新课标指出："要注意学科知识与生活主题相结合，恰当运用各模块的基本概念与方法，努力将基本观点、原理融入生活题材之中；结合应用性常识，围绕学生关注的社会生活问题组织教学"。与此相适应，思想政治课堂教学关注生活，就要求教学的内容要体现出与生活前所未有的紧密结合，要源自于生活，立足于学生现实的生活经验，着眼于学生的发展需求，将理论观点的阐述寓于社会生活的主题之中，实现学科知识与生活现象、理论逻辑与生活逻辑的有机结合。

建构主义理论告诉我们，学生已有的生活经验对于他们理解书本理论知识十分重要。为此，教师在设计教学时要有意识地在生活中寻找与课本知识有联系的、学生熟悉的场景、事例，用以沟通学生已有的生活经验与思想政治学科知识的联系，瞄准课堂教学与学生生活的最佳联结点，以此来诱发学生已有的真切体验，使学生体验到自己身边"熟悉的风景"中蕴含着许多思想政治课知识。

1. 关注校园生活中的资源，还原生活课堂

校园生活是学生们最熟悉、最感兴趣的内容，因此，教师要特别关注学生的校园生活，要善于发现校园内的生活素材，把校园中的素材搬进课堂。如文化主题月活动、学生社团活动、班集体建设、中高考优秀成绩、学生竞赛获奖等，又如学校教学水平评估、百校帮扶活动、教改实验等这些令人惊喜的大事都可以搬进经济、政治、文化、哲学的课堂。

2. 留心社会生活中的资源，营造生活意境

社会生活是学习的大课堂，特别是高中政治、经济、文化、哲学内容，其本身就是社会生活的直接反映，因此，在课堂教学过程中，首先面对的就是提炼社会信息，把社会生活中的时政热点、社会焦点及时纳入课堂教学范畴，为构筑生活课堂打下坚实基础。这既利于激发学生的学习兴趣，又有重要的现实意义。

（1）创设生活情境，激发学生学习兴趣。日常生活中蕴含了大量的思想政治学科知识和情境，从学生熟悉的生活经验出发引入新课，可以激发学生的求知欲望，增添学习新鲜感，从而使他们感到思想政治课堂不再枯燥、抽象，进而对思想政治课产生亲切感。如在教学《色彩斑斓的文化生活》时，教师可以这样导入：同学们，你们喜欢刘德华吗？你追过"星"吗？你觉得"追星"好不好？同学们非常激动，纷纷要求发言，其中有同学对"杨丽娟追星事件"做出了评论……学生热情高涨犹如身临其境的现场体验。

（2）模拟生活情境，激活教学内容。教师可以通过对学生生活及兴趣的理解，以学生生活经验为依据，对教学内容进行二次加工和整合，重新组织学习材料，运用直观语言、实物演示、小品表演、实践活动等方法和手段来模拟生活情境，使新知识呈现形式贴近学生的生活经验，以激活教学内容。如把上述的《色彩斑斓的文化生活》的"杨丽娟追星事件"改编成"小品表演"等，把教材内容生活化，学生在轻松、快乐的情境中掌握了知识，提高了能力。

（3）再现生活情境，寓生活情境于教学过程之中。将生活情境作为探索实践活动的感性支撑，利于启迪学生的思维，使思想政治课少了说教，多了真实，从而大大提高了思想政治课的针对性和实效性。比如，讲到经济生活，教师可引导学生观察一段时间里早中晚菜市场商品价格的变动，从而揭示价值规律；也可直接从小摊小贩讲到个体经济的存在形式；还可带领学生考察当地外资利用情况，从而加深对改革开放必要性的了解……讲述政治生活时，可联系的社会热点问题更多："世界经济危机""朝核问题""十二五规划""科学发展观"、CPI 指数……教学文化生活，可用一些学生熟知的文化现象为契机，如"深圳读书月""郭德纲事件""一周立波秀"……学习生活与哲学，教师可引导学生辨析平时所熟知的民谚和寓言，如"入山问樵、入水问渔""解剖麻雀""拔苗助长""量体裁衣"等，以此来阐释哲学的真谛。教师在教学中，通过再现生活情境，不仅可以调动学生的兴趣，还有助于学生走出课堂后自觉运用理论知识去关注周围的人与事，理性地分析和对待一些社会现象。

3. 走进现实生活，让学生真情体验

让学生走进真实生活，强化真情体验，使学习过程成为学生完整生命投入的过程，成为完整心理结构参与的过程，利于实现情感、态度、行为习惯和知识技能的内在统一。比如，在教学"银行和储蓄者"一框之前，可在班上建立若干个活动小组，让学生利用双休日的时间轮流到附近的银行开展丰富多彩的采访调查活动，亲历具体的生活事件，让他们在实践中进行积极的情感体验，使其在活动过程中获得积极的行为感悟和情感体验，使课堂教学更富有实效性。

4. 感悟现实生活，不断提升能力

日常生活的素材，时时都应用着思想政治学科的知识，处处都激励着学生去探讨知识。比如，到了市场上商品销售旺季时，价格为什么会上涨？反季节销售，为什么是经营者营销的一种技巧？在市场交易的主体双方，为什么会出现违背市场交易的不道德行为？学生在生活和学习中找到了生活和学习的结合点、感悟点，把它内化到观念中，外化到行动中，相应的能力也在不断提升。学生在发现问题和解决问题时离不开对信息资料的收集和处理，他们围绕自己的问题通过书籍、报纸杂志、网络、专家咨询、去博物馆等各种渠道获取信息，既拓宽了知识来源，也培养了他们对各种信息进行选择、加工的能力和社会活动能力。

　　总之，思想政治课教学要关注生活、走向生活，已经成为共识，但要防止从一个极端走向另一个极端，出现过于追求生活世界而背离科学世界的倾向，不能离开科学性片面去谈关注生活、走进生活，更不能以关注生活、走进生活为由而牺牲教学内容的科学性。在思想政治课教学中关注生活，关键在于要根据思想政治课教学内容自身的逻辑和学生的心理发展规律，从学生已有的生活经验和生活背景出发，学会利用生活世界的教育资源，努力达成科学世界和生活世界的融通和整合。

（原载《教师教育研究》2012年第3期）

巧思妙用，让思想政治课教学更高效

时代性是思想政治课的鲜明特征，这就要求教师在教学中要紧密联系社会生活，及时补充鲜活的热点材料并加以运用，使"观点材料化、材料学生化"，才能更好地完成思想政治课教学任务，提高课堂教学的有效性。

将热点材料带进思想政治课的课堂，能更好地利用热点材料揭示思想政治中的一些深奥的理论，启迪学生主动思考问题，以培养学生自主学习的能力。选材的好坏决定课堂教学的效果。教师要认真研究教材，精选那些既紧跟时代步伐，又贴近学生生活和实际的热点材料。例如，最近的叙利亚和埃及问题，若将此类热点材料展示给学生，可以使学生更加深刻地认识国家利益对国际关系的决定性影响，霸权主义的蛮横、强权政治的丑恶嘴脸；同时，也可以深刻体会到叙利亚、埃及人民的痛苦和无奈，得到深刻的启示：落后就要挨打。

一、利用热点材料巧妙导入，创设教学情境

课堂导入是课堂教学的一个非常重要的环节，导入

的艺术性如何直接关系到本节课的教学质量和教学效果。教师利用热点材料作为课堂导入，使得枯燥抽象的思想政治理论不再单调晦涩，能较快较好地调动学生的学习兴趣，从而以积极的学习状态投入到课堂的学习中。比如，教学"影响价格的因素"时，我用了这样一段材料：

《眼睁睁地看着月饼价格变化》

中秋节那天早上我与朋友去商场闲逛，大街小巷到处都是国旗飘扬，呈现出一派节日景象，商场周围人头攒动，到处都是促销打折的叫卖和宣传活动。那些有着华美包装的礼盒式月饼低下那曾经高昂的头颅，大幅优惠，原价999元，现价666元，好家伙整个跌幅30%，而更多的是原价598元，现价268元，就连一些简装的月饼也是原价五十元四个现价十元四个，降幅更是令人咋舌。下午再次路过月饼摊前时，那个标榜原价999元上午已经称降价到666元一盒的月饼还是无人问津，反而是那些曾经五十元四个的月饼，开始降到十元四个，现在已经是十元可能购10个了。朋友说这月饼价真是一天一个价，一会儿一个价，从天价到无价了，今天再卖不出去，可就只能抵个烧饼的价了。

这段材料将学生的注意力很快很自然地转移到本节课的学习中，探究的欲望和兴趣被充分调动起来，为课堂教学下一环节的顺利进行打下了铺垫。

二、利用热点材料强化重点，突破疑点、难点

在思想政治课教学中，重难点和疑点如果不解决，或是解决得不够好，就会使学生的思维受到限制，学习心态被破坏，这不仅影响学生对教学内容的理解和学习，而且还会影响整个教学的过程。但教学重点的突出和难点、疑点的解决，单靠理论上的阐释并不能得到很好的解决。巧妙利用热点材料化繁为简、化抽象为具体，无疑是个不错的选择。比如在讲授"加强宏观调控"这一知识点时，考虑到理论的难度和学生的接受能力，教师用了这一热点材料：

从"蒜你狠""豆你玩"到"姜你军"，再从"糖高宗"到"油你涨""苹什么""不蛋定""药你苦"。今年以来，在持续的农副产品价格上涨之后，与之相比属于"小众"的中药材也开始"冲击"中国居民消费的物价水平，成为新一轮的涨价热词。新词出现的背后表达了消费者的不满与无奈。

面对涨声一片，国家出台了相关措施。（1）国务院给低收入群体发放物价补贴。（2）针对成品油批发单位擅自突破批零价差标准高价销售柴油。国家发展改革委已责成当地价格主管部门依法从重从快予以严肃处理，除没收高价售油多收价款外，最高处以五倍的罚款。（3）依照《价格法》和《反垄断法》实施调控。

这一热点材料的使用较好地把抽象的理论具体化形象化，学生理解起来不吃力，避免了用空洞的理论去解决现实生活中的问题，从而达到突出重点和难点的教学

目的。

三、利用热点材料，达成教学目标

为了激发学生学习思想政治课的兴趣，高质量地完成教学目标，对热点材料的运用应有针对性。要针对正在讲授的理论切入相应的热点材料，要在热点材料与课本相关的理论结合点上设计一些问题，将理论与材料联系起来。比如，讲授"处理民族关系的原则"时，可选用下面这个材料：

2011年1月12日，国务院颁布了《关于进一步促进贵州经济社会又好又快发展的若干意见》即国发〔2012〕2号文件。《意见》指出，贵州是我国西部多民族聚居的省份，也是贫困问题最突出的欠发达省份。贫困和落后是贵州的主要矛盾，加快发展是贵州的主要任务。贵州尽快实现富裕，是西部和欠发达地区与全国缩小差距的一个重要象征，是国家兴旺发达的一个重要标志。进一步促进贵州经济社会又好又快发展，是加快脱贫致富步伐，实现全面建设小康社会目标的必然要求；是发挥贵州比较优势，推动区域协调发展的战略需要；是增进各族群众福祉，促进民族团结、社会和谐的有力支撑；是加强长江、珠江上游生态建设，提高可持续发展能力的重大举措。

针对这段时政材料，设置民族问题有何重要性、民族团结与民族平等及共同繁荣之间有何关系等问题，这些针对性的问题可以有效地帮助达成教学的目标。

四、利用热点材料训练学生思维，提升能力

思想政治课程标准要求学生多角度分析问题的辩证思维能力。教学中选用热点材料进行多角度分析训练，是实现理论和实际有机结合，培养学生能力的有效途径之一。因此，教师在教学中应有意识地选择能与经济、政治、文化和哲学等几个模块相关知识相匹配的、可以进行多角度分析的热点材料，来引导学生进行多角度进行分析训练。

例如，四川汶川发生地震，中共中央总书记胡锦涛立即做出重要指示，要求尽快抢救伤员，确保灾区人民群众生命安全。国务院总理温家宝赴四川地震灾区，现场指定指挥抗震救灾工作，动员全国人民参与抗震救灾的斗争。胡锦涛在全国抗震救灾总结表彰大会上强调，在波澜壮阔的抗震救灾斗争中，我们用理想凝聚力量、用信念铸就坚强、用真情凝结关爱，大力培育和弘扬了万众一心、众志成城的伟大抗震救灾精神。

以上材料与所学各个模块的知识有多个结合点，与《政治生活》的结合点有：党的性质宗旨、党执政的方式、科学发展观、我国政府的性质、宗旨、工作原则及政府的职能等；与《哲学》的结合点有：物质与意识的关系、人民群众是历史的创造者等；还可与《文化生活》中的中华民族精神始终是维系中华各族人民共同生活的精神纽带，是凝聚中华民族的强大精神力量，是中华民族之魂等理论相结合。

五、利用热点材料应注意的问题

加强师生的互动交流。思想政治课堂中利用热点材料进行教学，有利于营造良好的课堂气氛，激发学生的学习兴趣，活跃学生的思维，从而产生很好的师生互动。教师要在整个教学过程中做好与学生的互动交流，适时提出问题，引导学生回答问题，做出及时的回应与评价，对那些敢于发言的学生给予表扬和鼓励。要将教师的主导作用与学生的主体作用统一起来，既要有教师的点拨引导，又要有学生的个人分析、集体探讨、归纳总结和学习反思。

讲究热点材料呈现的方式。恰当合理的材料呈现方式既可以节省时间、提高课堂效率，又能引导学生主动参与到课堂教学活动中来。热点材料的呈现方式要充分考虑教学内容的差异、教学目标的达成、学生的理解接受能力和思维特征、课堂的动态生成等因素，它既可以先"材"后"理"，呈现在讲授理论之前，也可以先"理"后"材"，放到讲授重点难点之后；既可以在讲授理论知识时呈现，"材""理"同步，利用热点材料揭示深奥抽象的原理、概念，也可以在整个章节学习完成总结复习时呈现，利用热点材料强化巩固所学重要知识点；既可以是"材—理—材"的组合，也可以是"材—材—理"的组合。

突出学习方法的指导。热点材料形式多样，信息含量大，丰富了教学内容，增强了学生的学习兴趣，强化了教学重点和难点，能帮助学生形象化理解抽象的理论。但学生对热点材料的阅读和理解毕竟有一定的难度，教师要多加点拨引导。要指导学生学会从材料到理论，从理论到材料，培养归纳能力和演绎能力；学会从材料到材料，从理论到理论，培养求同概括能力和分析综合能力。

（原载《青年教师》2012 年第 5 期）

思想政治综合探究课教学实施初探

　　高中思想政治新教材必修部分的每一个学习单元都设有"综合探究"。"综合探究"走进高中思想政治教材，是发展学生多方面能力的需要，是政治新课程改革的一大亮点。它秉承"以学生发展为本"的理念，以现实生活为基础，以学科知识为支撑，把理论观点的阐述和学习寓于社会生活的主题之中，着力于培养学生的创新精神和实践能力，为学生进行"自主、合作、探究"式学习提供了一个拓展、延伸的平台，致力于实现知识、能力和情感、态度、价值观的和谐统一。

　　"综合探究"作为单元学习内容不可缺少的组成部分，要求学生运用所学的知识和方法，结合自己曾经有过的体验，针对材料的情境和设问进行"探究"和"说明"。上好每节"综合探究"课，要求教师必须认真研究教材，发挥主观能动性，以积极的心态应对在课程实施中所遇到的困境和挑战，从而为"综合探究"课程的顺利实施创设更为有利的条件。

一、确定综合探究的内容

　　在综合探究教学实施过程中，所有的知识都通过探究来理解和掌握是不值得的，是低效的，学生也会因过多的探究而产生厌倦。因此，教师进行教学设计时应在探究内容的确定上多下功夫，既要考虑教学目标的达成，又要对学生的兴趣、特长和个性等方面进行分析。一般应注意如下几个方面。第一，探究内容应难易适度。太难或太易的内容都不适合于探究教学。太难的内容会让学生在探究过程中无法找到突破口，使学生失去信心，探究很难进行到底；太易的内容则使学生的探究激情和兴趣得不到激发，这样的探究对学生的发展也没有价值。因此，选择适当的内容对学生来讲才是最适合的，既能让学生把握又具有挑战性。第二，探究的内容应具有现实性。要贴近学生的现实生活，使学生通过探究能够证明或解释生活中的某种现象或事实，从而使学生对探究学习产生更加浓厚的兴趣。第三，探究内容应具有科学性。探究内容要保证其中可以让学生发现真问题，并能够通过一定的科学研究手段来证实或解答这个问题。第四，探究内容应具有教育价值。探究的内容并不是漫无目的的选择，必须紧紧围绕所学课程知识，使学生能够有的放矢地进行探究。第五，学生应具有相关的经验准备。无论是直接经验还是间接经验，必须使探究的内容建立在学生的既有经验的基础上。最后，探究内容所需的教学条件应能够达到。学生进行探究学习时往往需要一定的辅助工具，还需要占用一定的教学时间等，因此，确立的探究内容必须以这些条件为基础。

二、选好综合探究的问题

尽管适当的探究内容的确定有利于学生探究学习的进行，然而，它只是为学生探究活动的开始做准备，学生真正的探究活动不是始于探究的内容，而是始于从内容和情境中发现的问题，因此，教师选好探究的问题就显得非常重要。教师可以采取三种方式界定探究的问题：第一种方式是根据教学目标直接向学生提出一些与探究内容相关的问题；第二种方式是教师根据教学目标进行适当启发，引导学生提出与教学目标相关的问题；第三种方式是学生通过对教学内容的初步了解完全独立自主地提出问题，然后由师生共同来选择最有价值的问题作为探究教学的共同问题。对于这三种不同方式，主要是由教师根据学生的学习能力和探究内容的难易度来灵活选择。一般来讲，随着学生学习层次的提高，教师应从提出问题的第一种方式逐渐过渡到第三种方式，使学生逐渐习惯这种学习方式，从而培养学生的探究能力。

三、引导综合探究的过程

好的探究问题是探究教学好的开端，但如何使学生把探究性的学习深入下去，最终在科学思维方式、操作程序上受到训练并在科学知识方面得到建构，教师探究性的教学就显得至关重要，这要求教师为学生提供一种自己能够进行发现或创造的环境。要在学生所关注的事物与教师要求学生学的内容之间建立联系；探究要建立在学生已有的认知之上，以一种有意义的文本方式给学生展示方法，而不要以知识（或信息）的方式直接告诉学生；要把自己塑造为一个合作者的角色，通过一系列的探究性提问来鼓励学生对话，从而增进学生对研究中出现的问题的理解。在探究性提问方面，需要问在疑处，有启发性，难度适当：在探究性讨论方面，要问得恰当，氛围良好，组织形式适当；在探究性演示方面，要便于学生感知，充满激情，调动学生积极性，突出目的，善于总结。

学生在探究的过程中会产生各种各样的疑问。在解疑的过程中，需要学生独立思考和教师点拨引导，但更多的是需要生生、师生之间的互动合作，在合作中交流讨论，使思想在关键时刻得以点拨升华，从而产生更多更好更新的理念。教师在引导学生解疑时要鼓励生生之间共同探讨，合作解疑。教师可通过以下几种形式组织课堂，使学生之间能更轻松、更流畅地交流彼此的思想，使学生内心迥异的思想可以得到交流。首先是让同桌学生提出各自发现的问题互相解答交流。其次是分小组进行合作探究。利用小组成员的集思广益、思维互补、各抒己见的特点，使问题更明朗清楚，得到的结论也就更加准确。最后是全班集体探究。即通过全班探讨抓住中心议题或关键性问题，全体学生共同发表见解，集中观点将难题解决。

在这一过程中，教师切记不应将问题的结论直接告诉学生，而是应当一直以一位与学生平等的合作者、促进者的身份与学生共同探索、解疑。对于学生天马行空的想法，教师不应给予带有观点性的评价，而应鼓励学生发表自己不同的观点和评论，使学生在交流中体验平等、自由、民主、尊重的情感，同时能感觉到教师的鼓励、激励、和蔼平等的忠告和建议，学生即会以极大的热情投入到创造性的学习中，使思想完全释放迸发出新的理念，并能产生愉悦的情感体验，在获得知识的同时，获得人格的陶冶和自我发展。

四、帮助和指导学生包容不同的结果

在综合探究教学实施中，由于每个学生的知识层次不同，都有自己的独特知识背景和个人能力结构，加上生活的阅历不同，那么综合探究的结果必然会各不相同，各有千秋。面对这种情况，教师要有"万紫千红总是春"教学心境，要摒弃"三万里河东入海"式的强势诱导。

经过综合探究过程后得到的结果，都凝聚了学生为之付出的努力和汗水，教师要尊重学生不同结果来源时的独特体验，要肯定和欣赏学生探究结果的独有价值，绝对不能按预设的答案标准一刀切，要善待和肯定学生的探究结果。另外，教师要积极地创造条件，让学生用恰当的方式对探究结果进行表达、交流、展示。这能够使学生保持探究兴趣，使学生体会互相尊重、取长补短的意义，促进学生良好品格养成。另一方面，高中生处于思想的活跃时期，在理性的判断方面还与成人存在一定的差距，学生在综合探究中出现了原则性、方向性问题，特别是背离了社会主义主流价值观时，教师要慎重

对待，合理选择，加强引导，使学生在探究的心灵上重新走向阳光，走向主流。

五、恰当进行综合探究的评价

综合探究教学是以学生为主体的教学，许多探究行为要求学生自主发生，许多知识要求学生自主建构。那么，如何知道学生的探究活动是正确地朝着预定的教学目标前进，如何知道学生通过探究性学习达到了预定的教学目标，这就需要对探究活动进行过程性评价和终结性评价。过程性评价可以对探究过程起到调节作用，终结性评价能够对探究教学的目标是否达成做出明确的回答。

在实施探究教学的过程中，探究活动的评价主体主要是教师和学生，评价需要坚持学生首先自评，然后教师补充评价或对学生的评价进行评价。过程性评价应根据探究性的教与学的进展灵活把握，可以根据探究教学的环节进行分段评价。例如，在探究内容的确定、问题的界定、探究的过程等每一个环节结束之后，教师可组织学生对刚完成的环节进行自我反思，让学生对自己的工作做出总结和价值判断，然后教师再进行引导性的评价。教师的评价既要对学生所完成的工作进行总结，又要对学生后面的工作提出希望，同时，对学生探究过程中存在的问题进行纠正，以防止学生的探究活动走向误区。终结性评价同样应坚持学生对整个探究活动先进行总结和自评，然后再由教师根据教学目标，对学生科学思维的训练、操作技能的发展和科学知识的建构进行完整而系统的诊断。例如，教师通过解答提问，让学生说出他（或她）在整个探究过程中是如何思维的、如何操作的，要求学生根据自己的理解而不是课本上的知识来解释一些真实现象和解决一些现实问题，同时让学生说出探究前后自己在认知上的变化。

教师在对学生的探究活动进行评价的时候，要关注学生的探究过程，看学生的探究表现和探究热情，在探究过程中及时捕捉学生的亮点，能够做到及时评价、即时激励、即刻引导；要多元评价，努力实现评价目标的多元、评价内容的多元、评价主体的多元、评价方法的多元、评价结果呈现方式的多元，以促进学生的全面发展、协调发展、主动发展；要尊重学生的差异性，发展学生不同的个性，鼓励学生创造。

（原载《中学政治教学参考》2013 年第 2 期）

高中思想政治教学内容整合初探

教给学生结构化、系统化知识与教给学生孤立、零散的知识，教给学生核心主干的知识与教给学生面面俱到的知识，效果明显不同。知识迁移理论表明，教学内容的有序性、概括性、整体性直接影响着知识的迁移。教学内容的有序性，学生可以由易到难，由简到繁，进行知识的积累；形成教学内容的概括性，学生掌握的知识就是体系化结构化的，学生可以举一反三，拓展知识；形成教学内容的整体性，学生就会知晓各部分知识在整体结构中的地位、关系和意义。因此，在高中思想政治课教学中，教师要合理有效地整合教学内容，使教学内容具备有序性、概括性、整体性，才利于学生理解和掌握，形成学习能力，也才利于教学效率的提高。

一、高中思想政治教学内容的整合

1. 不同学科知识的有机整合

高中思想政治教材呈现给学生丰富的人文素材，涵盖的内容广泛，具有开放性。它一方面强调与生活世界的联系，强调课程与社会发展的联系，增强课程的社会性，以培养学生的实践能力、社会责任感和关心社会生活的现实态度，走向课程的生活化、社会化和实用化；另一方面，它又强调实现课程的综合化，打破学科间的壁垒，确立开放的课程体系，不仅要加强文科之间、理科之间，更要加强文理之间、科学与人文之间的综合，使学生在与自然、社会和自我的关系中认识自己、认识世界，并谋求学生自我与社会与自然的和谐发展。这就为教学内容的整合提供了充分的条件。教学中，教师要善于利用思想政治与其他学科的联系，整合相关的教学内容。如讲到"源远流长的中华文化"中古代辉煌的历程时，可以结合历史诸子百家的相关内容；讲到"博大精深的中华文化"中文学艺术时，可以结合语文内容，感受中国诗词的语言之美、意境之美、形式之美，感受先秦诸子的文采和智慧，还可以从《史记》这部"无韵之离骚"的名篇选读中，感受史学家司马迁悲天悯人、忧国忧民的中国知识分子的情怀。还可结合地理知识，让学生体会浩瀚海洋对西方文化、广阔内陆和自然经济对东方文化的影响。不同学科知识整合，思想政治知识和现实生活知识的有机组合，融会贯通，可以活化教学内容，激发学生的兴趣，体现思想政治课程贴近生活、贴近学生思维、贴近学生兴趣的教育理念，体现了新课程大综合教学的基本特点。

2. 必修教材与选修教材教学内容的整合

高中思想政治课教材由必修教材和选修教材组成。选修教材包括"走近经济学""从《共产党宣言》到'三个代表'""现代社会与伦理冲突""思维与创新""国家和国际组织常识"等，具有专题性、灵活性、针

对性等特点，目的在于让高中生根据兴趣和将来的发展
方向，灵活选择学习内容，拓展学习的视野，促进学生
有个性化的发展。选修教材是必修教材的深化，选修课
程的开设，既能解决"知识多"与"课时少"的矛盾，
又能缓解"知识更新"与"课程滞后"的矛盾。教学
中，要注重必修课程同选修课程的整合。比如，学习必
修1"生活与消费"可以整合选修"走近经济学"中的
相关内容，学习必修2"当代国际社会"可以整合选修
"国家和国际组织常识"专题一和专题五的相关内容。

在整合选修课程教学内容时，既要注重与必修课教
学内容的衔接，关注学生在学完必修课程后所达到的认
知水平与课程改革所要达到的基本目标，做到必修与选
修内容的平稳过渡和顺畅连接；又要注重选修课程在内
容、方法等方面的适度深化，避免同一水平上的简单重
复或内容过于艰深和复杂。

3. 必修教材四大模块间教学内容的整合

根据《全日制普通高中思想政治新课程标准》普通
高中历史课程分为必修课和选修课两个板块。必修课由
思想政治1经济生活、思想政治2政治生活、思想政治
3文化生活、思想政治4生活与哲学模块组成，分别反
映了社会经济、政治、文化、哲学等领域的重要内容，
主题突出。教材编排打破了严密的学科知识体系，立足
于学生现实的生活经验，着眼于学生未来的发展需求，
把理论观点的阐述寓于生活主题之中，强调学科知识与
生活现象有机结合；引领学生在认识社会、适应社会、
参与社会的实践活动中，感受经济、政治、文化各个生

活领域应用知识的价值和理性思考的意义。教材理论性强，时空跨度大，知识点多而分散。在教学过程中，如果单纯按照新教材的体系和顺序进行独立教学，学生脑海中的知识是割裂的、断层的，结果往往事倍功半。要让学生全面地了解社会全貌，把握社会发展的脉络和规律，有必要对经济、政治、文化、哲学四个模块的相关内容进行整合。

如学习必修 3 "发展中国特色社会主义文化" 这一单元，就要学会从必修 1 "生产与经济制度" 中认识感知其发展的经济基础，从必修 2 "公民的政治生活" "发展社会主义民主政治" 感知其发展的政治基础，从而形成对中国特色社会主义文化的完整认识：经济基础决定上层建筑，一定的文化是一定政治、经济的反映。由此学生理解文化是社会各个方面综合发展而成的，相辅相成，从而形成认知能力。

4. 每个必修模块教学内容的整合

善于分类，找准角度，把握好教学内容整合的跨度与深度，是做好每个必修模块教学内容整合的关键，即教学不再是按教材原来的章节进行，而是打破教材原有知识体系而进行的归类教学。所谓跨度，即以知识横向的联系为线索加以总结；所谓深度，即以知识纵向的角度阐释知识的内在相互关系、本质、趋势和规律等。教学中，教师要重视引导学生对教材知识的挖掘，特别是主干知识的内在联系，把一些看起来不相干的知识加以归类，使之网络化、序列化和专题化，提高学生从变化中找不变、以不变应万变的能力。弄懂弄透主干知识，主要包括下面三点：一是知识点的来源；二是知识点自身的逻辑关系以及和其他的知识点之间的关系；三是知识点的适用范围和典型事例。例如，对于《哲学常识》的学习，可以根据各个部分知识的内在联系，形成完整的知识框架，让学生重点从唯物论、辩证法、认识论、人生观和价值观四个方面来把握这部分知识，真正做到融会贯通。再比如，以往政治生活的教学，我们习惯于从公民、政府、政治制度、国际社会等角度展开，但近几年高考始终以"公民与国家的关系"为重点。据此，我们可以将政治生活分解为公民的权利—公民的义务—公民权利与义务的保障等专题，然后重新整合政治生活的相关内容，形成新的知识架构。

5. 必修模块内单元间教学内容的整合

新课程教材的编排，打破了原有学科的知识体系，这增大了学生的理解难度。在教学过程中，利用构建主义指导教学，通过多种教学手段建立一个适合于学生的知识体系或者知识框架来指导学生，无疑可以提高教学效率。

比如必修（Ⅱ）政治生活，第一单元围绕"公民的政治参与"这一核心问题展开，可把教学内容整合为：（1）公民参与政治生活的根本前提：我国是人民民主专政的社会主义国家；（2）公民参与政治生活的基本内容：依法行使政治权利，依法履行政治性义务；（3）公民参与政治生活的基本原则：坚持公民在法律面前一律平等的原则；坚持权利与义务统一的原则；坚持个人利益与国家利益相结合的原则；（4）公民参与政治生活的途径和方式：民主选举、民主决策、民主管理和民主监督；（5）公民参与政治生活必须有序进行：在中国共产党的领导下，遵守宪法和法律规定的权限、职责、程序、要求。

第一单元至第三单元的内容可整合为内政，按主体分为国家——公民——政府——人民——人大代表——人民代表大会——中国共产党——各民主党派——人民政协；第四单元整合为外交，按主体分为主权国家——国际组织——联合国。

整个模块按制度整合为：国体、四大政治制度（一个根本政治制度、两个基本政治制度和一个基层群众自治制度）、两大政策——宗教政策和外交政策。

二、高中思想政治教学内容整合应注意的问题

1. 整合教学内容要紧扣课标，把握核心

课标是国家意志的体现，是课改赖以进行的纲领性文件。教师要认真研究课标，领会课标的意图，紧扣课程总体目标，把握不同模块中的核心内容，充分认识具体的教学目标，即"内容标准""过程与方法""情感态度价值观"。在课标的指导下，教师对教材要全局把握，找出教学内容的重点难点，了解教学目标中知识、能力、过程、方法以及情感方面的要求；对教材中的辅助材料如课前导语、图片资料、问题设计、课后练习等进行深入研究，揣摩编者设计的意图；分析单元与单元、课与课、框与框、目与目之间的关系，分析它们在模块中的地位与作用。如此，对教学内容的整合才是合理

的、有效的，才能真正落实新课改的要求，提升学生的能力。

2. 整合教学内容切忌胡乱拼合

整合指的是充分利用教材中的各个已有要素，使它们之间协调、有机结合，以达到教学的最大效益。因此，整合中切忌贪大求全、面面俱到、不分主次，否则教学中就会出现课堂上无主题、教学中无主线、重点难点不突出的现象。拼合既可能将教材的作用绝对化，教师和学生过分依赖教科书，甚至被教科书牵着鼻子走；也可能忽视它的教学基本用书和教学主要依据的地位，使教学游离于教科书之外，以至于教学质量无法得到保证。整合中，教师应充分利用教材资源，如"导语""探究与共享""专家点评""知识链接"等，充分发挥它们的作用，根据课标和学生实际情况，大胆增补删减。同时引导学生在其中感受、体验，生成分析、比较等能力，提升学生的情感。

（本文荣获深圳市 2013 年高中思想政治优秀教学论文评比一等奖）

化繁为简，打造高效课堂

一节课的教学时间是有限的。怎样使一节课有限的时间变得高效？这就要求我们在教学过程中要学会取舍，敢于割舍，不妨把课讲得简单一些，留下点空白，留给学生一点时间和空间，便于学生集中精力解决自己的学习困惑点，对教师提出的问题做深入的思考和探究。这样既可以让教师避免因为教学内容繁杂、教学环节过多而造成顾此失彼，也可以让学生避免因为学习任务过多应接不暇而引起思路混乱。

化繁为简，就是教学简洁一些，精炼一些。教师要利用多种教学手段将教学内容有机整合起来，用最少的时间把教学内容讲清楚、讲明白、讲透彻，让学生在最短的时间内理解和掌握，从而取得最大的教学效果。教学过程中，不需要过多的环节和材料，但教学内容要丰盈充实，该讲的讲到位，讲到点子上，学生自己能弄懂的坚决不讲；教学语言简单明了，但能激发学生的学习兴趣，引起学生情感上的共鸣。既要重视现代媒体在教学中的作用，又不能放弃传统的教学手段。

一、教学目标简化

教学目标是教学活动实施的方向和预期达成的结果，是一切教学活动的出发点和最终归宿。一般而言，一节课的教学目标有知识目标、能力目标、情感态度与价值观目标，以及课程标准的要求，教师在备课时需要对上述目标仔细思考斟酌。化繁为简，并不意味着忽视或降低上述目标，甚至放弃某些目标，而是要求教师认真整合上述目标，以便在一节课的有限时间内完成目标要求。为此，教师就要在精心解读课程标准、考试说明、教学参考书、了解学生实际情况等基础上，确定重难点和本节课应达到的教学目标，有选择性地进行教学，力求让学生"一课一得"。

例如，《市场配置资源》一课的教学目标，我们可简化为：

（1）知识目标：理解合理配置资源的必要性，了解市场配置资源的基本手段及优缺点，懂得规范市场秩序和建立社会信用制度的必要性。

（2）能力目标：全面认识市场配置资源优缺点的辨析能力，针对市场调节的局限性，初步提出合理化建议的应用能力。

（3）情感、态度与价值观目标：树立自觉遵守、维护市场秩序与规则的观念，养成诚信为本的良好道德品质和习惯。

二、教学环节精简

教学环节精简，就是去掉一切繁文缛节、一切不必要的形式，直奔主题，用最直接的方式进行教学，在师生互动中达成教学目标，解决学生思维中存在的问题。

由于思想政治课教学内容丰富且教学时间有限，精简教学环节，就要对教材进行恰当的处理，找准适当的切入点，上串下连，将教学内容形成严密的逻辑结构，构建出有效的课堂结构，使板块、层次清清楚楚，这样才能使教与学达到事半功倍、水到渠成的效果。

例如，《市场配置资源》这一课我们可按照以下环节进行教学：情景创设→资源有限→市场调节的优点→市场调节的局限性→建立市场秩序→诚信建设。这样不仅环节简化，而且对教材内容进行了重新编排，提高了课堂教学的效率。

三、教学材料少而精

由于每节课的教学时间是有限的，因而在教学材料的选择上要坚持适度的原则，要利于突出重点、突破难点，利于学生接受和掌握本节课的知识。有些教师在课堂教学中力图通过材料说明问题，但因为过分追求材料的丰富，造成教学中材料的简单堆积，不仅冲淡了教学内容，使课堂成为材料的展示场，还使学生应接不暇、无所适从。

教学材料少而精，少不是单纯减少教学材料的数量和教学的思维容量，而是依据课程标准和教学目标、任务，对教学内容精简浓缩，删减那些繁、杂、难、旧的内容，适当增添富有时代特色的新内容。精就是教学材料虽少，但内涵丰富、有深度、有足够的知识含量和思维容量。

例如，《市场配置资源》一课，我们选用了如下材料：

随着中国经济的发展，人们的生活水平不断提高，旅游也越来越大众化。中国大众旅游的发展对价廉物美的经济型酒店的需求越来越强烈，这为经济型酒店提供了发展的空间。截至2012年年底，我国已开业经济型酒店总数达到9924家。经济型酒店之所以短期内快速扩张都是来源于快速赢取利润的诱惑，其毛利率可达到40%甚至超过50%。经济型酒店的快速发展，引来了众多效仿者，纷纷"跑马圈地"、布局开店，但盲目进入这个领域，面临的风险也非常大。

经济型酒店在发展背后，"毛巾门""卫生门""无证门"等事件，让消费者震惊和愤怒。2012年，由北京、沈阳等22家消费维权单位发布的调查报告显示：经济型酒店，六成床单、浴巾、毛巾卫生不达标。甚至为了少花钱、快赚钱，一些经济型酒店采用低成本易燃材料，埋下了安全隐患。

材料不长，学生3～5分钟就可以阅读完，但材料中包含的内容非常丰富，能较好地激发学生的学习兴趣。

四、问题设计简单有效

问题是教学的中心，教学过程实质上就是一个不断地提出问题和解决问题的过程。问题质量的高低直接决定着教学效果的好坏。如果教师在备课时不能有意识地根据教学目标、任务和学情进行有效的问题设计，而是在课堂上随意设问提问，就会使提出的问题脱离教学实际，出现无效或者低效的问题。因此，教师应该精心设计一些简单但有效的问题，培养学生的思维能力，调动学生学习的积极性。

不同类型的问题其功能与作用不同，教师在设计问题时，要根据教学内容、目标、任务，学生认知水平和学习特点等，选择利于教学的问题类型。设计的问题数量不能过多，3～5个为宜。教学围绕这几个问题展开，有助于师生集中精力，从而提高教学效率。

设计的问题要有一定梯度，难易适中，保证所有学生都能参与其中，确保大多数的学生经过思考都能回答。过于简单和过高难度的问题都不是有效的问题，还会打击学生回答问题的积极性。如果确实需要设计难度较大的问题，教师可把难问题分解成几个相关联的小问题组合，并给予学生必要的提示，从而利于问题的解决。

设计的问题要利于突破教学重难点。教师根据重难点设计的问题，一方面利于学生深入理解知识，另一方面也利于分解知识的难度，帮助学生搭建学习的阶梯。

例如，《市场配置资源》一课，我们根据材料，设计了如下三个问题：

（1）为什么经济型酒店能快速发展？怎样理解其"面临的风险也非常大"？

（2）"毛巾门""卫生门""无证门"等事件的发生，反映了什么问题？

（3）要使经济型酒店健康发展，需要从哪些方面努力？

问题不多，设问也不复杂，但学生要答对、答全，是需要花一些工夫的。

五、教学语言简洁明了

打造高效的思想政治课堂，简洁明了的教学语言是必不可少的。简洁明了的导入和过渡语，利于抓住学生的注意力，调动学生的兴趣；简洁明了的设问，既可以省下学生领会教师意图的时间，也利于激发学生深层次的思考；简洁明了的教学评价，可以让学生得到及时的反馈，帮助学生对学习效果做出有效的评价。

教学过程中，我们要把握讲的时机和数量，考虑需要讲哪些话，哪里要多讲，哪里要少讲，必要时写在纸上，做到多而不余一言，少而不失一词。要努力消灭口头禅，避免多次重复学生的话、反反复复强调知识点，要用最短的时间传递最大的信息量，这样才能打造高效的思想政治课堂。

除语言外，教师还可适当运用其他方式，如肢体语言中的手势、眼神、身体动作，在必要时变换语音语调，加快或放慢的语速等，提醒学生集中注意力，给予学生恰当的鼓励。

不可否认，教学语言能否简洁明了与教师个人的专业素养、教学积淀、教学智慧、生活阅历等因素息息相关，教师只有在长期的教学实践中，不断有意识地进行语言训练，不断进行教学反思，才能在语言表达上达到简洁明了的效果。

例如，《市场配置资源》一课，基本上都是学生在讨论小结，教师只是做适时的点评和引导。

六、板书设计简单科学

板书设计也是一门教学的艺术，其在教学中的作用不可忽视和低估。简单科学的板书，是课堂教学的"集成块"，是教师教学的"导游图"，是开启学生思维的"钥匙"。教师提纲挈领的板书，有利于学生做好课堂笔记，帮助学生理解记忆。在设计板书时，教师要反复权衡，敢于取舍，力求以最少量的文字或符号反映出最深刻的内容，让各知识点有机地构成一个整体，形成知识网络，既利于直观展示知识间的联系，又利于学生掌握。

例如，《市场配置资源》这一课板书设计如下：

资源配置——手段——计划

　　　　　　——市场——优点

　　　　　　　　——不足——市场秩序

　　　　　　　　　宏观调控

七、当堂检测及时简洁

由于课堂时间的限制，我们要精简学生的课堂练习。在练习的选取上，要根据教情、学情来选取、设计，要关联生活、关联社会现实；要有针对性，因材施教，让学生在最短的时间内高效率完成最大的练习量，并取得最好的效果。

例如，《市场配置资源》这一课时，我们设计的当堂检测题是：结合上述教学材料，请从不同主体角度，谈谈如何促进经济型酒店健康发展？这个题目能及时巩固当堂课所学内容，有利于实现课堂教学的高效。

总之，精简的课堂，是一种境界，让思想政治课堂理性回归，以尽可能少的时间、精力和物力投入，取得尽可能好的教学效果，是我们每一位教师永恒的追求！

（原载《中学政治教学参考》2014 年第 5 期）

对思想政治生活化教学的几点反思

　　《全日制普通高中思想政治课程标准》明确提出，课程要"立足于学生现实的生活经验，着眼于学生未来的发展需求，把理论观点的阐述寓于生活主题之中，构建学科知识与生活现象有机结合的课程模块"。生活赋予了思想政治课堂教学丰富而深刻的内涵和强大的生命力，因此，开展生活化教学，开发和使用学生熟悉的生活感性材料，既能缩小"教"与"学"的距离，让学生"有感可发、有话可讲"，调动学生学习的积极性和主动性，又能做到理论联系实际，拓展了学生的思维，提高学生发现问题、分析问题、解决问题的能力，从而提升学生的学习能力，提高教学的效率。但生活化教学在实践中仍然存在不少的不足，在一定程度上影响了生活化教学的有效实施。

　　生活化教学情境设计过于成人化。生活化教学应从学生现实的生活经验出发，结合学生的实际认知水平来设置相应的情境。但在生活化教学实践中，不少教师往往从自己"教"的需求出发设置情境，情境设置远离了学生的实际生活，因而学生理解起来比较吃力，使得设置的生活化情境不能很好地为教学服务，影响了学生的学习和教学的成效。比如，教师在教学《社会主义市场经济》中，先播放视频——《全球金融危机》，让学生分析原因，引出新课；再用多媒体展示国家整顿房地产市场的相关资料，设置情境问题，引出国家宏观调控，让学生分析国家宏观调控所用的手段。应该说教师设置的生活化情境确实吸引了学生的注意力，整个课堂很热闹，学生的积极性也很高，但课堂反馈结果并不好，一个重要原因就在于教师是从"成人"的角度，而不是从"学生"的角度设置生活情境。对学生来说，"全球金融危机""国家整顿房地产市场"这样的问题太大、离自己的实际生活太远，不好把握。

生活化教学情境设计偏重于对教材理论观点正确性的验证，并且往往是一一对应关系，把现实生活简单化。情境创设是生活化教学的重要环节，不少教师在生活化教学实施过程中，情境设计的出发点大多是根据教学的需要来验证教材相关理论观点的正确性，一般是一段情境材料对应一个观点。这对于教师有效地阐释理论观点，帮助学生理解和掌握有关理论观点发挥了重要作用。但现实生活是复杂多变的，用特定的情境"引导"学生"论证"对应的理论，推演出早已确定的结论，这样既不利于发展学生的发散思维和创新思维，也不利于学生正确、全面地认识和分析社会问题，致使理论与实践相脱节。毕竟课堂上简单的一一对应关系，不是复杂多变现实生活的全部。如上例《走进社会主义市场经济》中，"全球金融危机"是为了说明市场调节的失灵；"国家整顿房地产市场"是为了说明国家的宏观调控，学生根据教材不需要思考就能得出结论。久而久之，在这样的情境设置下培养出来的学生，会发现社会生活远非课堂所说的那样单一，往往在复杂多变的生活中束手无策，"学会生活"就成为一句空话。

有情境的预设而无生成。在生活化教学过程中，教师应该根据各种生活素材的特点和具体的教学内容创设恰当的情境，以发挥情境的作用。但不少教师设置情境的目的往往是为了引课和导入，提高学生的兴趣，没有对创设的生活化情境进行深度挖掘，忽视了情境的分析和情境的回归，更没有引导学生生成相应的知识技能或应有的情感体验。这种"为生活化而生活化"的做法，使丰富的教学资源白白浪费了。

比如，同样是教学《社会主义市场经济》，教师这样导入新课：

播放视频——《深圳巨变三十年》。设置探究问题：你认为改革开放30年深圳发生巨变的原因有哪些？小组讨论并回答，教师小结，由此进入新课的教学。

教师设置的导入问题很好，情境也不错，较好地调动了学生的学习兴趣。但在接下来的教学中，这段视频教师再没有提及，情境只为导入服务，没有发挥它应有的价值。

生活化教学重形式，轻实效。生活化教学为学生提供了丰富的现实生活情境资源，利于扩展学生的视野，提升学生学习的兴趣。但不少教师贪大求全，使用了太多太丰富的资源，结果学生在海量的信息中无暇顾及。资源有了，情境有了，生活化教学的形式也有了，然而教学实效则非常低。

例如，教师在教学《公司的经营与发展》时，视频导入新课后，下发了几大张有关海尔集团发展的文字材料，并设计了以下问题让学生分组讨论：

假设你是海尔集团的新任总经理，为了适应目前严峻的经济形势，你将思考：①公司经营的新目标什么？战略定位如何？②你准备采取哪些新的策略提高市场占有率和企业品牌知名度？③你准备如何开发新的市场？

在学生分组讨论的过程中，一部分学生在热烈讨论，一部分学生在读下发的材料，有些学生则在座位上发呆，教师在讲台上等待学生讨论的结果。

从生活化教学实施来看，这个教学设计是好的，一方面利于理论与现实生活的有机结合，利于学生在掌握公司相关知识的基础上，回归生活，解决实际问题；另一方面，通过小组合作探究，充分发挥学生的主体地位，使学生在探究中获得知识和应用知识。但其中也存在两个问题：一是下发的材料太长，部分学生阅读不完，学生对资源的利用处于形式化状态；二是在小组合作探究中，教师没有对学生进行有针对性的指导，没有有效地调控教学过程。教学效果自然大打折扣。

针对以上存在的不足，我们可从这两个方面努力改进。

精心选择反映"学生"现实生活的资源。有人曾经这样说过，教材给予我们的只是一个话题，生活才是学生的真实世界。尽管我们的教材差不多每年都要修订，突出"生活"二字，在内容编排上大多是通过"情境导

入""情境分析"和"情境回归"这样的次序展开，把
书本知识和实际生活融合在一起呈现出来，大大增强了
教材的真实性和时代感。但教材毕竟有统一性和相对稳
定性，全国通用的教材与特定区域的学生生活之间总会
存在时空的差异。因此，生活化教学中就要由远离学生
生活的取向转变为贴近学生身边真实生活的内容取向，
选择那些与学生的生活经历密切相关，反映"学生"的
生活需要，能够引导学生进行生活体验的内容，力争实
现学习资源与学生零距离的接触。例如，上例中教学
《社会主义市场经济》，教师可以选用学生比较熟悉的
材料：

　　从"蒜你狠""豆你玩"到"姜你军"，再从"糖高
宗"到"油你涨""苹什么""不蛋定""药你苦"。今年
以来，在持续的农副产品价格上涨之后，与之相比属于
"小众"的中药材也开始"冲击"中国居民消费的物价
水平，成为新一轮的涨价热词。新词出现的背后表达了
消费者的不满与无奈。面对涨声一片，国家出台了相关
措施……

　　上述材料反映的现象出现在学生身边，学生因为熟
悉而有感而发，会极大地促进学生的学习积极性，从而
能很好地将情感、知识和过程结合起来。

　　要关注学生学习的过程和方法，尤其要培养学生积
极参与社会生活的情感体验，感受应用知识的价值和理
性思考的意义。生活化教学情境的设计应以学生发展为
中心，应把学习置于真实、复杂社会生活情境之中，让
学生体验和思考，不能仅仅为了验证教材理论观点的正

确性而把学习内容做简单化的处理，这样才利于学生从容地面对生活，全面地思考问题，进而有效地处理问题，实现知识的迁移。教学前，教师要在深入钻研教材、课程标准，了解学生的生活经历、家庭状况和认知水平的基础上，对设置的情境进行分析、思考，设计问题，进而解决问题得出结论，将教材处理、延伸、连通到学生生活的世界中去，拉近教材与生活的距离。要换位思考，以学生的眼光看生活，创设各种适合学生自主、合作、探究学习的形式，发掘和利用学生已有的生活经验，结合各种教学资源，实现教材由理性到生活世界的转化。例如，在上例中学习《社会主义市场经济》，教师可这样创设情境：

菜价为何涨得这么凶？学生来到附近的菜市场，采访卖菜的摊贩。摊贩们七嘴八舌："今年天气不好，南方各地都遭灾了。""收费站多，蔬菜运输成本高。""我们要交摊位费、水电费、卫生费，不涨怎么办？""现在人更重视健康了，要吃有机蔬菜，有机蔬菜比一般的蔬菜可贵多了。""我们在批发商那拿货太贵了，有人为炒作啊。"……

据此，有人认为，市场经济条件下，物价上涨或下跌，是正常现象。你是否同意这种说法？请用经济生活相关知识说明理由。

创设这样的情境在于鼓励学生对物价上涨的原因做全面、辩证的思考。在这一情境问题的引领下，学生不仅能自觉运用"市场调节""市场失灵""宏观调控"等知识思考和回答物价上涨的原因，而且能打开思路运用

第一课"通货膨胀"和第二课"影响价格的因素"等方面的知识,有的学生还能联系现实考虑国外"热钱"涌入及国内"游资"非法炒作等因素。生活化教学不仅为不同层次的学生提供了创新思维发展的空间和表达观点的平台,也为教学目标的达成创造了条件,学生的思想认识、情感意志、精神境界等也得到了升华。

(原载《教学与研究》2016年第2期)

有效教学重在教材解读

——以《经济生活》"揭开货币的神秘面纱"为例

教材作为课程的核心教学资料，它既是学生学习的依据，是学生学习文化知识、发展思维与实践能力的工具，又是教师教学的主要蓝本，是教师和学生沟通的中介，规定和制约了教师教什么和学生学什么。

教材解读就是教师内化教材即"解"和外化教材即"读"。教学过程其实就是对教材进行解读的过程，"解"的过程是教师对教材和学生进行理解的过程，也即教师备课的过程；"读"的过程是师生在理解的基础上互动，是教师、学生和教材三者展开对话的过程，也即教师课堂教学的过程。换而言之，就是通过对教材解读让教师明白我要教什么、学生要学什么。

教材解读必须以课程标准为准绳，从学生的实际情况出发，符合学生的认知规律，做到前后衔接、逻辑严密，重点突出、难点突破，层次分明、过渡自然。

一、教材解读要立足整体的把握

立足整体的落脚点在"整"字上，即将教材当作一个整体来对待。在通读教材的基础上，明确教材内容逻辑结构上的联系和认识过程上的联系，以更好地从宏观的角度来解读教材。通过整体解读，教师才能明确所要教授的内容、知识范围，并在此基础上对知识进行更深入的分析：教学内容包含的知识点有哪些；哪些是属于感性认识或属于理性认识的知识；知识点之间的联系怎样；哪些知识是整个知识体系中的主导成分即我们常说的重点和难点；哪些属于陈述性知识，哪些属于程序性知识等。解读不是人为地把教材肢解为支离破碎、枯燥无味的知识点，而是为了更好地建构知识体系，更好地从宏观把握教材。

教材解读包括对教材辅助文的解读，要把辅助文与相关知识点进行整合，以便于重新组织处理教材，生成本单元或本课时的教学目标和教学内容，并以知识体系的方式来呈现，落实相应的教学策略和教学方法。

对《经济生活》第一课第一框"揭开货币的神秘面纱"，我们可进行这样的解读：

本框题从学生具有一定生活体验的"钱"入手，逐步介绍同货币相关的知识，揭开货币的神秘面纱，从货币的本质，到货币的基本职能，再到货币的价值符号——纸币。

通过对本框内容及辅助文本的解读分析，本框的教学目标是：（1）知识目标：识记货币的本质、基本职能、价格、纸币等概念。理解货币产生的必然性、两种基本职能的原因与区别、商品流通的含义、纸币与货币的关系、纸币发行规律。运用货币知识说明如何正确对待金钱。（2）能力目标：从具体材料入手，逐步学会从感性到理性，从现象到本质的能力。用纸币知识认识假币的违法性，提高辨别假币的能力。（3）情感、态度与价值观目标：确立与市场经济相适应的商品货币观念，树立正确的金钱观，正确地认识金钱、使用金钱。

教学重点与难点：理解货币的本质及其基本职能、纸币。

教法：情境教学法，创设教学情境，学生自主探究。

学法：探究式学习，合作交流式学习，体验式学习。

知识框架体系：

```
                需要          本质                    基本职能
商品交换 -----→ 货币 -----→ 一般等价物 --------→ 价值尺度和流通手段
                发展↓
                纸币 --→ 发行规律 --→ 正确对待使用纸币（金钱）
```

二、教材解读要仔细揣摩教材活动设计

注重活动设计是新课程理念的内在要求。现行教材每一单元、每一课、每一框、每一目都设计了形式众多的活动，目的是使教材更贴近学生生活实际，让学生获得更多的实践体验。因此，教师在解读教材时，要认真仔细揣摩教材活动设计的意图，在教学中一方面要充分利用教材所设计的活动，或以教材知识为依托自行根据教学实际设计活动，在活动中使用教材；另一方面也要防止远离教材去活动，致使教材的工具、向导、资源的功能得不到应有的发挥。

"揭开货币的神秘面纱"这一框，教材一共设计了

七个活动，有的活动比较简单。解读中，教师可以根据教材体例结构，整合活动设计：

直面通胀：津巴布韦恶性通胀新纪录

位于非洲东南部的津巴布韦是一个内陆国家，自然资源比较丰富。但是近年来，持续的经济衰退导致津巴布韦通货膨胀加剧，物资供应紧张，很多津巴布韦人不得不坐火车到邻国购物。据津巴布韦中央银行的主管吉迪昂·戈诺透露，拥有世界上最高通胀率的津巴布韦再创新高，通胀率高达2 200 000％。

随着钞票一天比一天更不值钱，原始的物物交换又重新为人们青睐。农场工人更愿意雇主用实物作酬劳，因为更保值，也更容易携带。城市中物物交换也大行其道，从食品到CD，品种多样。

现任政府的土地抢夺政策为津巴布韦的经济混乱种下祸根，出口骤减，外资撤出。政府则试图用外国贷款和印刷出更多的钞票来掩盖问题。政府的补救措施很简单——印更多的钞票。津巴布韦自2001年起就深为经济大幅衰退和通货膨胀率飙高所苦，最近数月情况更见恶化，津巴布韦的老百姓们似乎正在走向爆发的边缘。

（1）"高通胀率"为什么会使津巴布韦的"钞票一天比一天更不值钱"？

（2）"原始的物物交换"为什么"又重新为人们青睐"？

（3）"津巴布韦的老百姓们似乎正在走向爆发的边缘"说明了什么？

问题虽然只有简单的三个，但却几乎涉及本框所有的知识点，要回答好这三个问题并不简单。

三、教材解读要注重培养学生的能力

在宏观把握的同时，教师还要立足微观，从学生的能力发展角度对教材进行解读，挖掘出教材中能促进学生不同能力发展的信息和因素，为培养学生能力创造条件。

通过解读第一框"揭开货币的神秘面纱"的内容，可以确定本框侧重于发展学生的语言表达能力、自我认知能力。具体来说需要培养学生的识记能力、理解能力、思维能力（归纳和演绎的分析能力）、运用能力（解决问题的能力）、有效地引导自己人生方向的能力等多方面的能力。比如，识记能力——识记货币的本质、基本职能、价格、纸币等概念；理解能力——理解货币产生的必然性、两种基本职能的原因与区别；思维能力——从具体材料入手，逐步学会从感性认识到理性认识，透过现象看本质；运用能力——用纸币知识认识假币的违法性，提高辨别假币的能力，确立与市场经济相适应的商品货币观念；有效地引导自己人生方向的能力——树立正确的金钱观，正确地认识金钱、使用金钱等。

四、教材解读要关注学生已有的认知

学习并不是简单的信息输入、存贮和提取，而是新旧知识或经验之间的相互作用过程。在建构新知识的过程中，学生不仅需要从头脑中提取与新知识相一致的经验，作为同化新知识的基础点，而且要关注到已有的、与当前知识不一致的经验，看到新旧知识之间的冲突，并通过调整来解决这些冲突。因此，学习不仅是新的知识经验的获得，同时还意味着对既有知识经验的改造。这就意味着教师要充分挖掘和研究教材，充分考虑到学生的现状和已有的知识，寻找出学生已有的认知和教材之间的联系，对教材知识进行合适的建构，以利于学生的学习，从而达到解读教材的目的。

在第一框"揭开货币的神秘面纱"中，新出现的经济学概念有"商品""使用价值""价值""货币""货币职能""价格""纸币""通货膨胀""通货紧缩"等。如此高密度的概念分布，对于没有任何经济学基础的高一学生来说，无疑是难以掌握的。但如果在教学过程中结合学生的日常生活经验，将相关概念做生活化的解读，充分利用学生已有的知识，就会收到意想不到的效果。教师可对这些概念做如下解读："货币"是我们生活中常用的"钱"，我们用"钱"到市场买东西（商品），说明"钱"有用（货币职能）；花 2000 元钱买一部手机，是因为手机能满足自己的需要（使用价值），之所以花 2000 元，是因为买卖双方认为手机值这个价（价值、价格）；国家发的"钱"多了"钱"就不值钱，会造成物价上涨（通货膨胀），反之，国家发的"钱"少了"钱"就值钱，物价就会下跌（通货紧缩）。这样，借助学生已有的"钱"的知识来解读上述比较抽象的概念，学生就比较容易理解。

总之，教材给教师提供了一个没有穷尽的探索空间，教师要充分和教材进行对话，创造性地解读和深入理解教材，才能更好地挖掘教材中蕴藏的内容，并进行有效的知识传承。

（原载《特区教育》2017 年第 1－2 期合刊）

打造"有味"的思想政治课堂

——以《影响价格的因素》为例

"味"是中国传统美学中一个层次很高的概念。既然思想政治教学是一门艺术，那么"味"就应该是思想政治教学的最高境界，"有味"应该是思想政治课堂的基本特征之一。思想政治课堂"有味"有两层含意：一指有趣味，二指有学科味。

苏霍姆林斯基认为，课上得有趣，学生会带着高涨和激动的情绪学习思考，在学习中感受智慧的力量，体验到创造的快乐。在课堂教学中，趣味不仅有利于创造和谐互动的氛围，更能激发学生的求知欲，使学生在情感的愉悦中接受知识、掌握技能，进而达到最佳的教学效果。当然，"趣味"并非"热闹"。一节课中如果学生总处于各种活动中，先是流行音乐、视频欣赏，然后即兴表演、小组合作探究、个人自学小结……教学热热闹闹，学生应接不暇，根本没有时间对知识进行深入理解和掌握。这种过分追求趣味的做法是本末倒置，忽视了学科的针对性、有效性。

"浮华落尽见真淳"，思想政治课堂必须回归学科的本体。思想政治学科味就体现在扎扎实实的教学中，体现在学生对学科思维方法的习得中，体现在学生对各种社会现象的分析探究中，体现在学生理性解释、判断和选择能力提升的过程中，体现在学生规则意识、程序意识、权利与义务意识和勇于担当责任感的培养中……学科味越淳，思想政治课堂就越有味；学科味越正，思想政治课堂就越有魅力。趣味是形，学科味是神；趣味是表象，学科味是内涵。二者相辅相成，构成了思想政治课堂独具特色的"味"。

下面我们从思想政治课堂教学的基本环节谈谈出味之策。

一、导入切题，添入趣味

中国传统的曲艺表演开始时都有一段引人入胜的开场白吸引听众，思想政治课堂教学也应该如此。一上课教师就要把学生的心紧紧抓住，使他们急切地想听下去。例如，教授"影响价格的因素"时，教师可以这样切题添味：

"苹什么""姜你军""糖高宗""蒜你狠""豆你玩""油你涨""玉米疯"……这些伴随着近几个月来物价一轮轮上涨而生的新名词不断走俏。从那带着自嘲式幽默的词组中，一个事实不可回避——各个领域的物价上涨，已然从"润物细无声"蔓延为"风声、雨声、涨价声，声声入耳"。那么，是什么因素导致了物价上涨？中国网民创造的这些网络新词折射出国人正频繁遭遇物价上涨带来的哪些压力呢？

教师也可以利用学生的好奇心，制造悬念来吸引学生，使学生产生渴望的心理状态，从而吸引学生：

"价格最贵的时候，蒜可以卖到每头 1.5 元，饺子店里的服务员甚至不愿意多赠送几瓣蒜给顾客。"中国大蒜主产区山东金乡县居民冯立刚认为"蒜你狠"一词贴切地表达出了蒜价上涨的"狠劲"。请同学们思考一下，蒜价上涨的"狠劲"从哪里来？蒜价上涨的"狠劲"能一直持续下去吗？

教师还可以利用多媒体播放流行歌曲《算你狠》，使学生在不知不觉中受到感染，进入课堂教学特定的情景：

今年 3 月，大蒜价格疯涨数十倍，网友借用歌名，创造出风行网络的"蒜你狠"一词。紧随大蒜，绿豆成为另一被热议的商品。中国已故相声大师马三立最著名段子中的经典台词"逗你玩"被网友演绎成"豆你玩"，以表达对从今年初开始，绿豆从每公斤两三元左右涨到了目前 10 多元的无奈。为什么会出现这种现象呢？

二、过渡衔接，植入鲜味

在日常教学实践中，大多数教师都很注重课堂的导入和总结的设计，对课堂教学中各环节间的过渡却有些随意，使课堂教学魅力和效果打了折扣。试想如果教师这样过渡："我们刚刚听了流行歌曲《算你狠》，知道近期物价上涨得很厉害，下面我们来分析探讨影响物价的因素。"虽直接却淡而无味，如同嚼蜡，学生何来求知欲？何来活跃的课堂氛围？换个角度，教师可以这样过渡植味：

中国网民调侃社会现象的词汇早已有之。近年来，"范跑跑""躲猫猫""楼脆脆"等其他领域的新词紧跟社会热点，针砭时弊，并在一夜之间走红网络。专家认为，这些新颖怪异的新名词体现了中国网民网络监督意识的增强，他们愿意和急于通过看似轻松的方式自由表达对社会现象的看法，在这些戏称和调侃的背后，多是让人无奈的现实。他们以此释放一些抱怨情绪，并希望引起政府部门的注意。同学们，听完流行歌曲《算你狠》，你觉得物价"狠"吗？你的态度是什么？你希望政府更"狠"吗？

三、引导点拨，富有意味

为使课堂"有味"，上课之前，教师都会精心备课，根据自己对教材的理解挖掘和对学情的了解，预设好课堂。但学生是鲜活有个性的人，认知有差异，生活经验与知识积累也不尽相同，对教材会有不同的理解。叶澜教授就曾将课堂比作"向未知方向挺进的旅程"，随时都可能发现意外通道和美丽风景。如果教师善于挖掘这些"意外通道"，巧妙地加以引导点拨，以智慧引领智慧，以思想激活思想，就能将一幅幅"美丽的图景"展现在课堂教学情景中。

例如，教授"影响价格的因素"，教师正在举例解释"社会必要劳动时间和价值量的关系"：

甲、乙、丙、丁都是独立的生产经营者，都生产布，当时绝大部分生产者都用织布机生产，甲、乙、丙用织布机，丁用手工织布。生产同样一匹布，甲用10

小时，乙用 12 小时，丙用 8 小时，丁用 20 小时，试问：(1) 谁生产的布匹的价值量大？为什么？(2) 一匹布的社会必要劳动时间是多少？

社会必要劳动时间对每个生产者都很重要，如果个别劳动时间小于社会必要劳动时间，企业获利多，处于有利地位。要缩短个别劳动时间，就需要提高劳动生产率。同学们想一想，为什么近年来汽车、家电、手机等商品价格不断下跌？

这时，有学生举手问问题："老师，既然大部分汽车都是流水线生产，那劳斯莱斯汽车为什么强调其手工生产，而且它一辆车的个别生产时间特别长，为什么它的价格比流水线上下来的汽车高得多呢？"

教师马上抓住这个临时生成的问题抛给学生："这个问题问得好，请同学们思考一下，为什么？假如你是汽车生产商，你会采取手工生产的方式吗？"看到学生在思考，教师继续点拨道："前面我们讨论过，供求会影响价格，那么从供的方面看，它如何影响价格？从求的角度看，它又如何影响价格？"学生们即刻讨论起来，并纷纷举手发言。此时教师的引导点拨既意味深长，又有利于培养学生的发散思维。

四、释疑评价，增添情味

科学释疑，正确评价，也是学问。释疑、评价得当，不仅能激励学生主动学习、积极思考，而且利于师生互动，促进师生关系和谐发展；释疑、评价不得当，则会挫伤学生学习的积极性和主动性，严重损害课堂教学的效率。因此，教师在释疑评价时，一定要牢记一个"情"字，让自己的释疑和评价"合情理""有情味"。

例如，教授"影响价格的因素"时，教师举例解释社会必要劳动时间和价值量的关系后，做了一个小结：

单位商品的价值量与生产该商品的社会劳动生产率成反比；社会劳动生产率无论怎么变化，商品生产者同一劳动在同一时间内创造的价值总量不变；个别劳动生产率与其所创造的价值总量成正比。单位商品的价值量与个别劳动生产率无关。

对生产者个人来讲，个别劳动生产率高于社会劳动生产率，则个别劳动时间低于社会必要劳动时间，商品按社会必要劳动时间决定的价值量出售，就有利可图，反之，就会亏本。对整个社会来说，生产者争先提高劳动生产率，最终导致社会劳动生产率提高，单位商品价值量降低。

这时，有学生举手问问题："老师，既然商品生产者同一劳动在同一时间内创造的价值总量不变，那他们为什么还要努力提高劳动生产率？既然生产者提高劳动生产率，最终会导致单位商品价值量降低，也就是价格下降？这样他们怎么赚钱呢？"

"这个问题问得好。"教师一下子提高了声调，并对提问的学生竖起了大拇指表示赞赏。"请同学们认真思考一下这个问题。"教师微微一笑，鼓励的眼神扫过整个班级，学生们即刻讨论起来。

教师的一个动作，能充分表达出对学生的肯定，使学生心理上获得一种强烈的满足感和自信心。这既利于调动学生的学习积极性，又利于师生之间的互动。

五、课堂总结，留有余味

人们常用"凤头、猪肚、豹尾"来比喻对文章的写作要求："凤头"即开头，要亮丽高雅、先声夺人；"豹尾"即结尾，要简洁明快、干净利落、余味无穷。其实思想政治课堂教学也一样，导入应有先声夺人之势、一听倾心之妙；结课要有画龙点睛之效、不能忘怀之功。

例如，教授"影响价格的因素"，教师这样做结：

周末我去逛街，发现商店的服装在打折，好多的人正在排队购买，我也买了一件心仪已久的服装。有没有同学也参与到其中？有的话，那我想问大家，为什么快到冬天了，大家要抢春装呢？我们已经学习了决定价格的因素是价值，也知道价格会受到供求的影响。在商品交换过程中遵循价值规律就得遵循等价交换的原则。服装打折是等价交换吗？为什么会出现打折这种变化？

六、作业妙问，富有滋味

一个好的问题，如一块磁石，可以吸引住学生的注意力；又如一把明匙，可以叩开学生的思维大门。教师根据教学内容，设计具有一定深度和难度的问题，能激起学生思维的波澜，使思维、兴趣处于最积极的活动状态，学生步步探究、思考、作答，能力也在无形中得到提升。

例如，教授完"影响价格的因素"，教师设计了这样一道作业题：

离中秋还有 1 个月，月饼已经早早上市。散装月饼一般每斤 9～30 元，盒装月饼在 100～1000 元之间。麦德龙超市最贵的月饼是 888 元一盒，1720 克，包装华美；在好又多超市内，一种标价 998 元一盒的"XX 皇家鲍鱼月饼"吸引了众多消费者的眼光，外包装精致大气，盒内有 10 个月饼，算起来每个月饼接近 100 元。

促销员熊女士说，除了极少数消费者外，大部分消费者接受不了如此高价，"别说这么贵的，每斤 30 元的散装月饼买的人都不多。""我只是来阅饼的。"有消费者如是说。面对所谓的天价月饼，他的心态应该代表了大部分消费者的心理。

（1）天价月饼还是有人买的。针对这一现象，有人说，有需求才会有供给；也有人说，有供给才会有需求。对此你有什么看法？

（2）你能接受如此高价的月饼吗？说说你的理由。

（3）假如你是月饼的生产商，面对消费者"阅饼"的情况，你将如何应对？

这样的作业题比惯常的选择题和主观题要有滋味得多，更能吸引学生。

总之，思想政治课堂"有味"，不仅能调动学生学习的积极性和主动性，潜移默化地熏陶感染学生，更能提高课堂教学效率。

（原载《教学与研究》2018 年第 4 期）

第二篇

德育火花

学校教育中应加强心理健康教育

一、心理健康教育的必要性

心理是人对客观事物的反映和体验。根据心理的效用，可以将其划分为积极心理和消极心理，前者有助于保持和增强个体的活动效率，后者则会阻碍个体正常水平的发挥。

心理健康并非单纯指个体时时处于积极心理状态之中，而是指个体在大多数情况下能保持良好的心理状态，即使在遭遇挫折产生消极心理时，个体也能够尽快从不良的氛围中解脱出来，使自己不至于沉溺于消极心理中无所事事。

个体的心理发展，从最初最简单的心理体验，到非常复杂的心理体验，是伴随着个体成熟和生活阅历的增加而逐渐丰富起来的。但是，心理的发展与对心理的调节并不是同步进行的，因而并不是所有的个体在心理发生、发展过程中都能轻易掌握对心理调节的技巧，有许多的个体往往受困于心理问题的侵扰。心理健康教育，就是通过各种有效途径，使个体掌握调节心理的方法和技巧，提高个体的心理生活质量，保障个体免受心理障碍的损害。

　　心理和人的生活息息相关。目前我国正处于社会转型期，社会的发展和变化必然对人们的心理生活产生强大的冲击力，也对学校培养的人才提出更高的要求。尽管从国家推行素质教育以来心理健康教育一直为人们所关注，但是长期以来形成的"分数标准"仍左右着今天的教育，对学生心理生活的健康与否极少倾注精力和时间，从而严重影响了学生的心理健康。据一项权威调查表明，我国中学生心理素质合格率仅为17％，而美国青少年合格率为44％，日本学生的合格率最高，达65％。可见，加强学生的心理健康教育势在必行，它既关系到全面素质教育的实现，也关系到民族创新精神的培养。

　　第一，这是学生心理发展的客观要求。现在的学生由于营养状况改善，体育锻炼和大量的社会信息的刺激，身高、体重、性发育等躯体状况都比以往提前。但是，在生理、心理等方面他们仍处于从未成熟到成熟、从未定型到定型、从未独立到独立的急剧变化的时期，具有很强的可塑性，加之生活环境日益复杂和升学竞争的日趋激烈等因素的影响，他们常常处于心理紧张的状态中。因此，对他们进行心理健康教育可以使他们自觉地面对身心发展的特殊阶段，以积极健康的情绪和心态处理生活、学习中碰到的许多矛盾。

　　第二，这是知识经济社会对学校教育提出的要求。社会变化的节奏加快，变化的幅度和强度都在增加，在一个高速变化的时代，世界、社会呈现出多变、多元、多彩的状态，平均而单一的局面被打破，不确定性和可选择性同时增强，因此，每个人在求发展的时候首先必须学会生存、学会适应、学会选择。当成功和失败并存、风险和机遇同在时，人是否具有健康的心理尤其重要。

二、心理健康教育的内容

学校进行心理健康教育的目的是培养心态健康、个性健全的个体。心理健康教育应该从以下几个方面着手：

1. 心理品质教育：培养学生良好的心理品质，预防心理障碍的产生

学生在身心发展的过程中，并不是一帆风顺的。随着科技和社会的飞速发展，瞬息万变的各种信息都在不断地刺激着这些学生，而他们的心理发展又处于最不稳定的阶段，加上学校教育观念和方法的陈旧落后、家长素质偏低等原因，使众多的孩子心理处于波动状态，过多的烦恼和焦虑使他们产生了心理问题，有的甚至患了心理疾病，从而严重地影响到正常的学习和生活。学校进行心理健康教育就是要求在日常的教学过程中，充分掌握和全面了解学生的心理动态，并通过心理健康教育课程和心理咨询活动，帮助学生建立自信心，学会控制和调节自己的各种情绪，克服焦虑和恐惧心理，对自我心理健康状况有正确的认识，并能自我排除障碍，从而使学生经常保持心理平衡，有效地预防心理失衡和心理疾病的产生。

2. 个性心理等非智力因素教育：培养稳定的情绪、广泛的兴趣、强烈的动机、坚韧不拔的意志

学生的学习活动效果主要由内因即心理因素决定的，心理因素分为智力因素和非智力因素两个方面。所谓非智力因素主要是指不直接参与学习过程，但对学习过程起直接制约作用的方面，包括动机、兴趣、情感、意志等。实践表明，在学习过程中，导致学生成绩差异的原因，主要不是智力因素的差别，而是非智力因素的差别。由于非智力因素在学生的学习过程中起着动力、引导定向的维持、强化等一系列综合作用，还可以补偿学生在智力上的某些先天不足和弱点。因此，学校教育不仅要在发展学生的智力、能力上下功夫，还应在培养和发展学生的非智力因素方面做出努力。

3. 自我完善教育：开发学生的各种潜能

第一，鼓励学生创造性地学习，促成良好学习习惯的形成，提高学习效率。学生的身心发展和智力发展两者是统一的，智力发展取决于身心发展，又反过来促进身心发展。因此，开发智力既依赖于身心发展，又是促进身心发展的重要手段。有针对性地进行不同层次的心理健康教育，既能促进身心发展，又可以大大提高学生的学习效率，也能大大减轻由于学习困难而带来或潜伏着的种种心理问题。

第二，增强学生的自我意识，培养自我评价能力和自我接受能力。自我意识是人的个性的核心部分。人的自我意识是由接受他人的观点即接受他人对自己的评价

和态度开始的。在小学阶段的儿童，会因角色、活动、他人评价的多样化而开始对自我形象进行反思；青少年时期的自我意识则表现于对自我的兴趣和关注，他们逐渐能有意识地把自己的思想和行为作为认识的对象，品味自己的心态。教育者在这方面要做的努力是帮助学生形成较正确的自我认识，并有自我完善的信心和愿望。

4. 心理能力教育：提高学生的心理调适和承受能力

近几年来，在"以升学为中心"的教育环境下，学校都十分注重学生智力的培养，而往往忽视学生心理素质的培养，久而久之，使学生在心理能力方面相当欠缺，特别是耐挫折的能力尤其差。近来各地报刊披露学生因耐挫折能力差而出走、自寻短见、沦为罪犯的消息越来越多。因此，在心理健康教育中，要引导学生树立正确的价值观，给予恰当而实际的期望，教育学生学会正确认识和对待自我的欲望和要求，学会乐观愉快地排解消极的心理。同时，要尽量创造有利条件，给学生提供锻炼的机会，培养学生自立自强的精神和克服困难的毅力，使学生正确面对挫折与失败，做到在挫折与失败面前不甘屈服，从而提高他们在现实生活中的心理调适和承受能力，尤其是耐挫折的心理能力。

5. 社会适应性心理教育：培养人际交往能力

对于成长中的学生来说，人际交往和沟通具有强大的吸引力，然而由于学校生活的紧张、单调，加之现代家庭住房单元化，独生子女增多的特点，从客观上束缚了学生和社会人际的交往，他们也缺少正常的交往知识和需求。学校进行心理健康教育应创设一切条件，通过课程、讲座、咨询等形式，引导学生广泛接触社会，结交朋友，扩大交往圈，寻找群体归属感。

6. 心理自我调节方法教育：培养解决心理问题的技巧

第一，帮助学生认识到心理对于生活的重要性，鼓励学生在日常的学习和生活中用言语表述自己的内心体验。一旦有了精神上的压力、心理上的困扰，切莫闷在心里打无名官司，可以找同学、老师、朋友、亲人，在那里通过用言语来宣泄心事，以解除神经的过分紧张，达到心理平衡。

第二，帮助学生学会控制自己的情绪，区分心理体验和外部行为，使学生不必为某些消极心理产生罪恶感，同时应严格禁止情绪冲动下做出伤害自己和他人的行为。

第三，培养多方面的情趣，通过静听音乐、写字画画、跑步、爬山、涉水等活动，使学生经常看到自己的成果及进步的征象，从而稳定情绪，在有益活动中释放多余的"能量"，陶冶自己的情操。

第四，帮助学生寻找产生不良心理的问题症结，学会从不同的角度去看待引起心理困扰的事物。心理问题的产生并不直接取决于客观事物，而是取决于主体对该客观事物的认识和评价。对于同样一个问题，不同的理解会有不同的答案，心理状态也不同，如常所说："塞翁失马，安知非福"。

第五，帮助学生正确总结失败的原因，切忌将根源归于自己的能力不足，这将严重挫伤其自信心，是进一步产生心理问题的"温床"，教会并训练学生将成败与否同自己的努力程度相互联系起来。

另外，帮助学生掌握一些实用的缓解不良心理状态的操作方法，如放松法、忙碌法等。

（原载《江西铜业教育》2000 年第 4 期）

浅谈不良网络文化对青少年的影响

　　网络是"双刃剑"，它在以前所未有的速度融入我们的生活，给我们带来便利的同时，也深刻地影响着青少年一代的健康成长，其负面影响日益显现，"蓝极速网吧"事件就是一个较典型的例子，应引起我们的警惕。据统计，我国 25 岁以下的"网民"达 1200 多万，占上网人数的 56%，青少年已成为互联网用户的主体，被称为"网上的一代"。网络中既有健康有益、催人向上的文化，也充斥着大量的不良文化。这些不良文化产生的污染，对辨别能力、控制能力、抵抗能力都比较低的青少年产生了较大的腐蚀作用，在某些地区已造成严重的社会问题，其中一个明显的表现就是催生了青少年的犯罪心理，直接诱发了青少年犯罪，导致了青少年犯罪的增多。

　　充斥于网络中的大量不良文化，对青少年的影响主要表现在以下几个方面：

　　一是使青少年对社会的认知出现偏差，从而为青少年犯罪提供了思想基础。正面的宣传教育形式相对枯燥和滞后，缺乏足够的吸引力，使不良网络文化的影响力在不断加强。这样，心理和生理上还没有完全成熟、可塑性极强的青少年便会被不良文化所吸引，沉湎其中不可自拔。不良网络文化的长期作用，往往使他们对社会的认知产生严重的偏差，对真善美、假恶丑的界限日渐模糊，价值取向陷入误区，误认为不良网络文化所演绎的内容就是当今社会的客观现实。另外，各种各样不正规网吧的存在，促进他们之间的不正常交往，使他们很容易在交往中形成消极型的不良心理群体，天长日久，彼此产生心理上的认同，"情投意合"，安全感、归属感日渐增强，从而为青少年犯罪提供了成员来源。当他们的主观想法和社会现实发生冲突，又不能用理智去调整和控制的时候，往往就会走向极端，对抗社会，甚至无视社会秩序和法律规范，进行违法犯罪活动。

二是不良网络文化中个人主义、拜金主义、享乐主义思想的泛滥，加上进网吧必须以一定的经济基础为后盾，导致青少年偷盗、抢劫钱财的犯罪活动日益增多。毋庸置疑，在不良网络文化影响下的青少年，一旦个人主义、拜金主义、享乐主义思想注入灵魂，奢侈腐化的生活方式便会对他们产生了一种难以制衡的力量，使他们形成扭曲的价值观、错误的金钱观、颓废的享乐观，以致大肆进行偷盗、抢劫钱财的犯罪活动。

三是无政府主义、江湖义气、流氓习气在不良网络文化中的大肆渲染，使青少年产生了封建帮会意识，刺激其犯罪行为不断升级，最终发展为"黑""恶"势力。庸俗情感与江湖义气、流氓习气的结合，往往是一般青少年犯罪行为不断升级、恶化的重要原因之一，而其中起催化作用的，便是不良网络文化中大肆渲染的无政府主义、江湖义气和流氓习气。这些不良文化的泛滥和影响，使青少年将勇敢与野蛮、正义与邪恶、责任与破坏、英雄和流氓混为一谈，以致公然藐视社会公德、国家法纪及一切正常的社会秩序。他们仿效封建帮会，喝酒跪拜结盟，选老大、定规矩、划地盘、收保护费，演变为具有强烈反社会倾向的流氓恶势力或黑社会势力。

　　四是不良网络文化中犯罪信息的大量传播、血腥暴力场面的不断刺激，为青少年犯罪提供了心理上的依据、可操作的行为模式，不仅直接教会了他们作案手法，而且教给了他们反侦查、反审讯伎俩。青少年具有尝试性和模仿性的特点，而不良网络文化中，有相当一部分传播的是五花八门的犯罪信息、各种各样血腥暴力的场面，给青少年提供了直接仿效的条件，使他们在作案中由不会到会，由会到精，以致最终成为犯罪的"高手"，犯罪的手段也越来越残忍到跟其年龄不相称。

　　五是网站中"黄毒"的存在，使性犯罪的个案增多，对上述不良影响起到了推波助澜的作用。在我国，由于复杂的原因，性教育一直处于非常尴尬的地位，近年来虽有所改进，但进展不太。当青少年身上发生生理突变时，就逐渐产生性意识，开始对性知识发生兴趣和好奇心，而这种好奇心通过正常的渠道往往得不到满足。性教育的缺失，使许多青少年沉湎于不良网络文化的"黄毒"之中，由此带来一系列严重的社会问题。

　　面对不良网络文化对青少年带来的严重影响，我们不能袖手旁观或漠然处之，必须采取综合性的措施，将危害减少到最低限度。

首先，要从源头抓起，运用行政、法律手段规范互联网营业场所，加强对互联网从业人员的管理、教育，增强其社会责任感和道德感，清理和纯洁文化市场，严厉打击各式各样的利用互联网进行的犯罪活动，用科学的理论武装、健康向上的精神文化产品吸引青少年，从而为青少年的成长创造良好的社会环境。

其次，学校要加强教育，精心教书育人。学校作为预防青少年犯罪的重要阵地，一定要进行法制教育和思想道德教育，使学生养成良好的道德品质和遵纪守法的观念。要通过有意义的教育活动增强学生责任感、团结友爱精神、诚实待人的正直品质。要在学生中间加强和引导正式群体的建设并发挥其作用，充分调动和利用学生非正式群体的积极因素，消除或抑制其消极功能，扬长避短，因势利导，开展有益于学生身心健康的活动。

最后，家庭要认真担负起教育孩子的责任。在学生的成长过程中，家庭教育是最重要的，它是一切教育的基础，具有学校和社会难以起到的作用。家长要以身作则，为孩子做出健康的行为榜样。同时，要为孩子创造一个幸福成长的环境。良好的家庭环境是孩子心理健康发展的基础。良好的家庭环境不仅是指物质条件，更重要的是孩子成长所必需的精神条件。作为家庭，一方面要满足孩子的生理需要，另一方面要满足孩子的精神需要，使孩子在快乐、宽松、自由的心理气氛中健康成长。

（本文荣获《教师报》2002年全国教师优秀教育教学论文大赛一等奖）

呵护生命，从我开始

翻开报纸，点击网页，经常会看到中小学生自杀，伤害、杀害父母、同学或其他人的报道。作为一个教育工作者，每每看到鲜活生命逝去的报道和专家们对生命教育必要的呼吁，我的心总是隐隐作痛。如果把这些都归咎于学校教育，那是教育的不能承受之重。

确实，作为个人，我们无法阻止科学理性主义教育对人文教育空间的挤压，无法摆脱社会与家长的功利思想与精英思想对学生过高期望所带来的压力，无法抗拒"分数决定一切"的教育异化，但是，在引导学生从小就懂得如何认识生命、欣赏生命、尊重生命、珍惜生命方面，个人还是可以作为的。

一、在乎学生的"在乎"

有这样一个小故事：暴雨后的一个早晨，一个男人来到海边散步。他注意到在沙滩浅水洼里，有许多被昨夜暴风雨卷上岸的小鱼。虽然大海近在咫尺，但它们被困在浅水里，再也游不回去了。这时，男人看见前面不远处有一个小男孩儿，他在捡水洼里的小鱼并用力把它们扔回大海。看了很久，男人忍不住走过去说："孩子，这么多小鱼，你救不过来的。""我知道!"小男孩头也不抬地回答。"哦，那你为什么还在扔，谁在乎呢?""这条在乎，那条在乎，还有这一条……"男孩儿指着那些被他扔回大海的小鱼说。这则故事让人陷入沉思。因为孩子的在乎，才赋予了小鱼新的生命。在教育活动中，学生们的"在乎"也很多，但他们的"在乎"很少被我们关注，即使发现了，我们也常常像故事中的男人一样视而不见。显然，这样的过程对于曾经有着许多"可贵的在乎"的学生们，毫无疑问是一种深深的伤害!因为在这样的过程中，他们渐渐变得不再在乎。我想，对学生们的"在乎"，教师要给予充分的尊重，充分尊重他们因为在乎而表现出来的种种需求，甚至是异想天开的念头。

事实证明，我们唯有蹲下来与学生的眼光平视，才可能发现学生的"在乎"；唯有进入学生的心灵，才能体会到学生的需求。学生们在乎教师给他们一个微笑，在乎教师给他们一个发言机会，在乎教师给他们一个奖励，在乎教师给他们一个改错的机会……在这样的过程中，教师是一个爱的使者，用爱的心灵去关注他们的每一点需求，更能激励每一个学生，使他们不断产生更多的"在乎"，才能更好地珍惜生命、尊重生命。

二、真诚地欣赏学生

心理学家威廉姆·杰尔士也说过这样一句话："人性最深切的需求就是渴望别人欣赏。"在你与孩子的交往中，真诚地欣赏孩子，会增加这种和谐、温暖和美好的感情。孩子的存在价值也就会被肯定，使孩子得到一种成就感。曾经有这样一个故事，说某年轻人来到绿洲碰到一位老先生，年轻人便问："这里如何？"老人家反问说："你的家乡如何？"年轻人回答："糟透了！我很讨厌。"老人家接着说："那你快走，这里同你的家乡一样糟。"后来又来了另一个青年问同样的问题，老人家也同样反问，青年回答说："我的家乡很好，我很想念家乡的人、花、事物……"老人家便说："这里也同样好。"旁听者觉得诧异，问老人家为何前后说法不一致呢？老者说："你要寻找什么，你就会找到什么！"

这个故事告诉我们：当你以欣赏的态度去看一件事，你便会看到许多优点；以批评的态度看，你便会看到无数缺点。我们应学会欣赏每一个学生，欣赏学生的每一个闪光点。既要欣赏每一个学生的独特性、兴趣、爱好、专长；还要欣赏每一个学生在情感、态度、价值观等方面的积极表现；更要欣赏每一个学生所取得的哪怕是极其微小的进步。生命在欣赏中都能更精彩。

三、以学生的眼光看待学生

学生的生活是"儿童"的，是充满童心、童趣、童稚的。一旦我们在教学中以理性的尺度，以成人的尺度，以唯一的尺度，或以某种崇高的尺度，来剪裁儿童世界的时候，儿童就不在生活之中。我们的教学中，乌龟和兔子赛跑，为什么"谦虚使人进步，骄傲使人落后"是唯一正确的主题，而不能是"兔子累了"或者是"建议乌龟和兔子三局两胜"呢？"雪化后是什么"的题目，为什么只能是"水"这一干巴巴的答案，而不能是学生认为的更富有激情和生命向往的"春天"呢？为什么冬天晒过衣服不可以有阳光的味道呢？

生活不仅在于它的意义，更在于它是生命的冲动，充满着生机活力。充满活力的生命是创造的，一定意义上是"野性"的。年轻的生命应该无拘无束、自由自在，他们应该在东奔西跑中，在手舞足蹈中感受自然，体验生活的本真，享受童年的乐趣。上课时我们完全可以让学生两手自由摆放，两脚随便活动，甚至可以离开自己的座位与同学讨论，可以伴有表达喜悦、遗憾或沮丧的动作与声音。

四、宽容学生的错误

曾在某杂志上看到这样的一个小故事：某学校的校长养了一条十分可爱的狗，一名学生因为好奇狗身体内脏的结构，于是胆大包天地把校长的爱狗解剖了。当校长知道此事后，并没有暴跳如雷，该校长从另一个方面发现了这位学生的天赋，而是宽容地进行"惩罚"——让该生把狗的内脏结构完全画出来。这位校长是善良的，同时他还发现了该生的另一个闪光点，没有宽容的心怎么可以宽容地对待孩子的错误呢？该学生果然不负众望，在长大后成了一位有名的解剖医生。我们试想一下，没有校长那有卓越的见地，那宽容的对待，哪能塑造出如此出色的社会英才？

宽容是一种美德，是一种对于"不守成规"的观念和行为的容忍精神。现实生活中学生确实存在这样那样的问题，甚至是错误，但在人生观、世界观、价值观正在形成的时期，出现这些问题，都是很正常的。动物在"试误"中学习，人虽有理智，但在学习中不可能完全避免错误，有时不知道"什么是错的"，就无法知道"什么是对的"。甚至可以说，人生没有犯过错误，那是没有完整体验的人生。列宁说："青少年犯错误，上帝都会原谅。"生活中面对学生的过失，给他们的不应是过多的责备、训斥，而应因势利导，让他们的心灵经历震撼和洗涤。宽容如同一缕阳光、一丝春雨、一片冰心、一剂良药，传递着教师的温情和爱的期待。有时，宽容引起的道德震撼比惩罚更强烈。生命的成长需要宽容，宽容是生命的一种美德。

五、不以分数论"英雄"

在某电视台做的一档"成长不烦恼"的谈话节目中，接受访谈的小朋友，拿出了自己画的两幅漫画：一幅是几个孩子穿着旧衣服，住着茅草房，他们有的捉蛐蛐，有的下河摸虾，有的上树掏鸟蛋，好不自由快活；另一幅是穿着漂亮衣服的小男孩，坐在宽敞明亮的房间里，趴在豪华的书桌上，面对作业，愁眉不展。孩子给两幅漫画分别起了名字，前者叫"痛苦的时代有幸福的童年"，后者叫"幸福的时代有痛苦的童年"。孩子说："哪怕我吃得差些，住得简陋些，我也希望过上一个自由自在的童年。"

是的，物质条件好了，但孩子却不幸福了。20世纪末，一项涉及我国东、西部大、中、小六城市的权威调查表明，学生的学业负担过重，有增无减，不仅学习时间过长，而且考试繁多。在沉重的学习负担下，学生出现心理问题，成为一种普遍的现象，严重者甚至走向了轻生，结束了自己的短暂人生。个中原因，无非是以分数论"英雄"的思想在作怪。每天我们为什么不能少布置几道作业题？每学期我们为什么不可以少考几次呢？少布置几道作业题、少考几次试，也许无法减轻学生的学业负担，但总能为学生的生活增添一抹绿色。

六、以不同的标准衡量不同的学生

看过一篇名为《每朵花都有盛开的理由》的文章，文中写道：

"自古以来，一年四季，随着季节的变化，一朵朵芬芳娇艳的鲜花凋落了，绽放；绽放了，凋落。总是为能开出鲜艳的花朵而努力拼搏，奋斗。一个盛开的理由，诉说着一个艰辛、美丽的故事。"

……"印度著名诗人泰戈尔，在一首诗中写过这样几句："你知道，你爱惜，花儿努力地开。你不识，你厌恶，花儿努力地开。"

……"每一朵花，都有自己盛开的理由，这些理由，代表着花儿自己美好而甜蜜的这些心愿，就仿佛是温室里娇生惯养的君子兰，想看看夕阳西下的美丽瞬间，想像郊外的山冈上朵朵盛开的烂漫的野百合一样，体验一下豪放生活的滋味；也仿佛是寒风凛冽下，荒草丛中的一束瑟瑟发抖的野玫瑰，想像月季一样，拥有一个温馨的家。"

是啊，每朵花都有盛开的理由，每个学生呢？当我们抱怨他们做不好作业时，是不是也该反省一下，自己不也有做不好的事情吗？每个人都有自己的优势和劣势，我们不能按照同一个模子去套不同的孩子，以同一个标准衡量不同的学生。有的孩子会成为科学家，有的孩子会成为运动员，有的孩子会成为教师、医生……这一方面差，另一方面就强。我们要善待每一株校园中的幼苗，用心欣赏每一朵盛开的鲜花，每朵花都会有自己的春天，但我们千万不要期待所有的花都绽放成玫瑰。

七、让学生分享与体验，使生命教育触及灵魂

真正的生命教育是触及心灵的教育，是感染领会的教育，所以生命教育必须通过生活体验来实施。生活体验就是通过戏剧、角色扮演、模拟情景等各种方式的活动，让学生直接参与表演，分别感受"真实情景"中人物的各种情绪，体会其中的喜怒哀乐，然后彼此分享。在有实际体验的背景下，更能理解别人的需求和处境，进而学会体谅别人，学会与人共处。

比如，我们可以利用双休日组织学生进行"社会角色体验"活动，在父母或亲戚的工作岗位上体验一天，或当一名"经营者"，或当一名"家庭主妇"，甚至于当一名"城市的美容师"……在这一岗位体验活动中，无论是"经营者"还是"家庭主妇"都获得了一种真实的生活体验："经营者"感受到了经商的艰辛和每一分钱的来之不易，懂得了如何珍惜别人的劳动；"家庭主妇"通过一天的当家生活学会了如何有计划地支配家里的财

务，体会到做父母的不易，懂得了如何帮父母分担忧愁……又比如，我们可设计一个模拟盲人的游戏，通过游戏，让学生体验到盲人的艰辛，可以增加对盲人的敬佩和关爱。

意大利教育家蒙台梭利曾指出："教育的目的在于帮助生命力的正常发展，教育就是帮助生命力发展的一切作为"。教育本质是引导人之心灵的事业，教育存在的意义是充分发挥她崇高无比的引导作用：引人求知，引人高尚，引人自信，引人自爱，引人热爱生活，引人关爱生命。让我们共勉！

（原载《福建教育》2008 年第 11 期）

种子，总会发芽的

　　班上的小黄是个令老师们很头痛的学生。去年接班时，听原班主任和课任教师多次说起过这是一个需要特别"对付"学生，需要采取超常规的"策略"，否则任何教育都是没有效果的。接班后经过一段时间的仔细观察，发现确实是这么回事：上课要么玩手机、做小动作，要么找邻桌讲话，要么就呆坐着，作业也不能按时完成或乱写一气等，但在我的课堂上还是有所收敛，大概是对我这个新班主任还有点顾忌。除了上课和写作业存在较多的问题外，我发现在其他时间小黄的表现还可以，与同学的交往也正常。我一直在观察、在想办法，在没有把握之前，我一直按兵不动，但又有意识地让小黄知道我一直在关注他，毕竟人都有被关注的需要。我在打量他的同时，他也在打量我。我们之间的第一次正式谈话是在接班的一个月后。在无人的教室走廊上，我们俩都站着，面对面。小黄有点紧张，我笑了一下，先询问了他的学习和生活情况，肯定了他近期的一些良好表现，然后让他说说他的想法。他抬头眼看天空，沉默良久，才说没有什么想说的，话语中流露出对我这个新班主任的戒备。这些反应在我的意料之中，于是我微笑着说:"我不想看过去,我对你也没有特别的想法,我只想向前看,希望你也向前看。我发现你的心地很善良,乐于帮助他人,希望我们师生之间能愉快地度过高中剩下的时间。"这几句话让他感到意外,好像颇有感触,紧锁的双眉慢慢地舒展开来,身体不再紧绷着,我似乎听到他在心里长吁了一口气。师生间的第一次谈话就这样风平浪静地结束了。此后,我们每次见面都会点点头,尽管他的目光有些躲闪。

小黄长期被"特殊教育",总是坐在第一排的最边上,别的同学定期可以前后左右换座位,唯独他的座位是固定的,以至于又到了换座位的时候,他自己都习惯于在原地不动。当有反映说班上课堂纪律不好时,大家首先想到的就是"会不会是小黄?"这种"特殊教育"造成了小黄玩世不恭、厌学等坏习气,但我发现他有不少的优点,人较聪明、有想法、肯吃苦、乐于助人。在后来接触的日子里,我抓住这一点在班上对他进行表扬,让同学们在这一方面向他学习,私下交流时让小黄明白"寸有所长,尺有所短"的道理,让他自己认识到自己长处和优点,人首先要自尊自爱才能赢得别人的尊重。

违反课堂纪律始终是小黄最让人头痛的问题,这应该是小黄对被"特殊教育"的反弹。找他谈话不久,数学老师就拿着一部手机给我,说小黄上晚修时公然在课桌上玩手机,被他收缴了。尽管有思想准备,我还是被这种"公然"气坏了,当时就想找他问个明白,但转念一想,又冷静下来,说不定他正想找我呢,用惯了手机的人，没有手机会很难受的，先晾一晾再说。第二天，小黄主动来问手机什么时候能还他，因为他要用。我问他为什么课堂上玩手机，他回答说："作业不想做，没事做，就想玩"。他的回答让我很吃惊，也让我准备了好长时间的话语无从说起，在那一瞬间，我甚至产生了放弃他的念头。但是，理智告诉我不能这样。我心平气和地对他说："手机，老师肯定会还你的，但不是现在。作为老师，不管你显然是不负责任的。我想你的父母送你到学校来，肯定不是让你来玩的。老师想帮助你，希望你不要拒绝这种帮助。如果你在学习上有困难就讲出来，老师一定会帮你解决的。你看，这个事情要不要通知你的父母?"他马上说不要，随后便沉默了。我看得出，他不想让父母知道他现在的样子，他是想说需要帮助的。但是，他始终没有再开口说一句话。既然他不愿意主动，那我一定要主动出击。为了让他能够上课时专心听老师讲课，我利用班级座位调整的时机，把他的座位从最角落的固定"惩罚位"调到了中间，并找到班级里几位成绩较好的班干部，要求他们利用课余时间帮助小黄同学解决学习上的问题。平时，我的视线常放在他的身上，找他谈心，及时了解他的学习和生活情况。记得有一次谈到他的父母亲对他的希望时，他有些伤感，觉得自己现在的成绩愧对父母寄予的期望。他的伤感让我看到了希望，相信他的转变只是时间的问题，只要我不放弃努力。大半年的时间过去了，小黄果然有所转变了，上课虽然还会开小差，但比以前好多了；作业能够按时完成，尽管质量还有待于进一步提高；上课睡觉的时间也少多了。老师对他的评价好多了，师生之间的关系也融洽了不少，有时师生之间还会开些玩笑。从他的眼神里我看到了希望，我告诉他要相信自己，相信自己的努力总会收获的。

做班主任工作时，每天都会有很多类似这样的事情在发生。人们常说学生的心灵是一片肥沃的土壤，你播下什么样的种子，就会开出什么样的花，结出什么样的果。

是的，每一粒种子，总会发芽的，总会开花的，关键是要耐心地等待。当我们抱怨学生时，是否该反省一下，自己是不是太急了，自己不也有做不好的事情吗？每个人都有自己的优势和劣势，我们不能按照同一个模子去套不同的孩子，以同一个标准衡量不同的学生。我们要善待每一粒种子、每一株幼苗，耐心等待每一朵鲜花的盛开，相信每朵花都会有自己的春天，但我们千万不要期待所有的花都绽放成玫瑰。

培养人的工作永远不可以急功近利。教育是一个过程，是一个长长的等待过程，需要我们的耐心、我们的智慧。班主任的职责就是耐心地等待，耐心等待他们成长的每一天，让每粒种子都能发芽，最终盛开。

（原载《教书育人——教师新概念》2012 年第 2 期）

为学生鼓掌一次

这是一个经常受批评的男生。刚接手这个班时，就听原班主任和课任老师多次说起过这是一个需要特别"对付"学生，需要采取超常规的"策略"，否则任何教育都是没有效果的。到班后我经过一段时间的仔细观察，发现确实是这么回事：上课要么玩小玩意、做小动作，要么找邻桌讲话，要么就呆坐着，作业也不能按时完成或乱写一气等。平时总是一副懒洋洋的表情，脸上挂着灿烂而带一点羞涩的笑容。

除了上课和写作业存在较多的问题外，我发现在其他时间他的表现还可以，与同学的交往也正常，见到老师总会自觉地问好，然后羞涩地低下头快速离去。我一直在观察、在想办法，在没有把握之前，我一直按兵不动。毕竟他被"特殊教育"惯了，找他谈话，或严厉批评，或耐心地讲道理，效果都不会太大，次数多了，说不定还会起反作用。但我又有意识地让他知道我一直在关注他，毕竟人都有被关注的需要。我在打量他的同时，他也在打量我。

课堂上，学生们在认真听课，他又是一副懒洋洋的表情，不过没有做惯常的小动作。过了一会儿，我问同学们记住了吗？有少部分学生举手示意记住了，他也迅速地举起了手，我认为他一定不会记住，正好借机敲打敲打他。于是，我说："请小叶同学回答"。他好像没有听到，半天没有反应。于是，我大声喊道："小叶！"这回他一改懒洋洋的表情，站起来面带惊异道："老师，你是在叫我回答吗？"我点点头，万万没想到的是，他居然很流利地回答出来了。我很惊讶，同学们也表现出惊讶的表情，我发自内心地对他大加赞扬："小叶同学上课听讲还是非常认真的，同学们用掌声鼓励一下！"在同学们热烈的掌声中，他又一次露出了略带羞涩的笑容。

　　这件事之后，小叶同学有了明显的转变。尽管上课有时还会有一些小动作，但总体上一节课还是能认真听下来，作业也能按时完成。我也有意识地在公开场合表扬他的进步，给他一些表现的机会，让他的自尊心得到满足。有一天上课，我挑了一个相对难点的问题让他回答，他答对了，看起来特别高兴。我以此为契机，课后我把他叫到了办公室，并请他坐下，告诉他今天找他来办公室不是要批评他，而是想找他谈谈心。我就坦诚地谈了我所看到的他的优点和缺点，课任老师对他的评价，希望他当我所教学科的课代表。在接下来的很长一段时间，他都很努力地克制自己，上课积极回答问题，作业也认真完成，作为课代表还能督促其他同学及时上交作业，上课乱动的现象也越来越少，课任老师也时不时在不同的场合表扬他的进步。尽管他身上还有这样那样的不足，但总体上他在走向一个又一个进步。

　　有位哲人曾经说过，每个孩子都是一道独特的风景，只是站的位置不同，所看到的景色各有千秋。人非圣贤，孰能无过？在日常学习和生活中，因为众多因素的影响，学生难免会犯这样那样的错误，甚至会误入歧途。作为教师，要学会欣赏学生，特别是对那些学习基础差、纪律松散的学生更要努力发现他们身上的闪光点，并把这些闪光点放大，让每个学生都有展示自己才华的机会，让每个学生都在成就感中获得自信。当我们面对"恨铁不成钢"的学生时，如果把指责、批评、抱怨，换成启发、表扬、激励，教育就会是另一种风景。

　　其实，每个学生都是一朵含苞待放的蓓蕾，都有自己的"闪光点"，每一位学生都有向善向上的追求，都不想做问题生，都期待有心人的浇灌。作为园丁，我们何必强求每颗种子都长成参天大树，何必强求含羞草也像菊花一样去傲霜斗雪？疏松的土质能使植物更加苗壮成长，宽松的环境能让心灵更加健康发展。教师所要做的就是给学生指引方向，在他失败时给予扶持和希冀，在他成功时给予肯定和掌声。

　　德国著名教育家第斯多惠说过一句话："教育的艺术不在于传授知识和本领，而在于激励、唤醒和鼓舞。"的确，教育最重要的价值追求，就是唤醒人的自觉，让学生懂得自尊、自知、自律、自爱。人的自觉是藏匿于内心深处的"巨人"，一旦被唤醒，它所迸发出来的力量可以创造许多奇迹。

（原载《青年教师》2013 年第 10 期）

第三篇

管理一得

青年教师成长的关键词:尊重、关心、激励、指导

我校创建于 1979 年，是一所年轻的学校，35 岁以下青年教师占了教师总数的 60% 以上，因而做好青年教师的培养工作、引领青年教师成长，是教师队伍建设的重中之重，事关学校工作全局。结合近几年来抓教师队伍建设的实践，我们认为要做好青年教师的培养工作、引领青年教师成长，关键要落实"以人为本"的思想，从"尊重、关心、激励、指导"几个方面下大功夫，即为了使青年教师尽快成长，学校应该给他们以充分的尊重；真诚、细致、全面的关心；设法从工作上加压，给他们以推动和激励；同时要有培养他们的具体措施，给他们以特别的指导。

作为学校的管理者，首先要尊重教师，要真正树立管理就是服务的思想，摆正自己和教师的关系，决不能在教师面前高人一等、唯我独尊，更不能高高在上、盛气凌人，尤其是青年教师到学校不久，还没有完全适应学校环境和氛围，教学上正处于探索阶段，很多方面还不成熟，更要善于保护。同时，校领导还要善于抓教学这个中心工作，在参与集体备课、听课评课、教研教改等工作中，切忌以领导者或检查者自居，工作中尽可能

采取平等交流、互相磋商、循循善诱的方式、方法。另外，青年教师在具体工作和学习中受多种文化现象的影响，善于接受新事物、新观点，思想敏感而灵活多样，有时对学校的教育教学管理提出一些看法，提出的问题可能会是不恰当的，甚至是过分的。对此，作为校领导要能够理解，不可挫伤他们的积极性，能采纳的意见一定要予以采纳，不能采纳的要说明原因，真正做到尊重和理解教师，调动他们参与学校各项管理的积极性，激发他们的主人翁精神。如果我们把学校整体界定为一个系统，那么管理者和教师就构成了这一系统的两大基本要素，他们之间只有分工的不同，而工作目标则是一致的。就教师工作特点而言，他们所从事的是精神性的生产活动，既有一定的科学分工又负有更广泛的教育任务，所以，对教师的有效管理，主要的方法还是通过启发他们的工作自觉性、创造性，充分利用信任反馈来实现。从这个意义上讲，教师积极性的调动，要通过激发教师的主人翁精神，依靠教师的自我调节和控制来完成。

其次，要关心教师。近几年来，由于大环境、国家政策的变化，我校由原来的企业学校转而划归地方管理，教师的福利待遇等受到一定的影响，教师队伍，尤其是青年教师思想波动较大。尽管学校尽了最大努力，仍不可能在短期内全部解决青年教师在工作、学习、生活上的各种问题和要求，这就更需要加强青年教师的政治思想工作。但新时期的政治思想工作靠空谈大道理是难以奏效的，需要伴之以真诚、全面、细致的感情投资，即对青年教师要给予全方位的关心，包括思想、工作、学习和个人生活等诸方面。作为校领导不仅要关心青年教师的工作，考察他们的教学是否认真，学生进步程度的大小，学生与家长的评价怎样，他们与同事间相处的关系如何，等等；更要在个人生活方面无微不至地关怀，如婚姻大事、住房方面的特殊要求、小孩的入托与教育、家庭情况、平时的业余爱好等。只要时机适宜，校领导应该亲自与青年教师交谈一番，有时话语虽短，但说明校领导心里时刻装着青年教师，能让青年教师心里涌起感激之情，工作也就好做了。校领导要通过一个"诚"字，打开了青年教师的心扉，换得了他们的真心，就能激发和调动起他们工作的热情和积极性。

第三，要激励教师。"关心"只是引领青年教师成长的第一步。设法使青年教师在开始工作的几年里经历一段艰苦的锻炼，接受一些严峻的挑战，产生一定程度的忧虑，才是引领和激励他们成才的催化剂。为了创设青年教师成才的适宜氛围，使他们内心产生必要的心理压力和动力，我校主要在这几个方面做文章：

一是要"给要求""给担子"。"给要求"，即要求青年教师为人师表，严谨治教，努力钻研业务，争取尽快胜任工作。一年之内熟悉学校教育、教学的常规要求，完成一定量的教育、教学工作；三年内通过从起始年级到毕业年级的循环教学胜任所教学科的教学工作；力争五年左右成为本学科骨干。要求提出后，便委之以相应的教育、教学任务，即"给担子"，让他们"跟班上""带一轮"，并在可能的情况下担任班主任，尽快地熟悉各阶段的教育、教学工作。同时，通过一定时间的考查，选准一些教学基本功扎实、业务能力强的青年教师，鼓励、支持、选拔他们参加省、市、县举办的各种教育教学评优活动，为他们施展才能提供更多机会，让他们在更高层次的学习与教学的实践中得到锻炼；对有一定教科研能力的青年骨干教师，安排他们参加较高层次的学术活动，让他们参加或承担县级以上教科研课题的研究，使其挑起教科研的重任。

二是要求青年教师上好"二课"：汇报课、优质课。在青年教师进校后，每个学期都要上汇报课，课后，校长、教务主任、教研组长、同学科全体教师要帮助青年教师分析该课有哪些优点、存在哪些不足、如何改进和提高；每年要在青年教师中选拔基本功扎实、业务能力强的参加学校优质课竞赛，在全校范围内进行总结表彰，并适时推荐参加更高级别的教学竞赛。这样有利于青年教师的更快成长。

三是学校每学期召开一次青年教师的论文评选会，每个青年教师都至少要有一篇参赛论文，评出的优秀论文及其评论在校园橱窗里展示，并给予一定的奖励。此外，还要尽可能让青年教师担任班主任、少先队辅导员、团支书等社会性工作，使他们在工作上感到有压力，能够经受不同岗位的考验。

四是树典型，促进青年教师发展。我校从2004年开始实施《名师工程管理办法》，管理办法规定：名师包括骨干教师、品牌教师、教育教学专家三个级别；凡从事教育教学工作的在岗教师，做出突出成绩，符合名师评选条件者，均可申报评选名师；实施名师津贴制度；学校要积极为名师创造有利的工作、学习条件，做到人尽其才，最大限度地发挥名师的指导和示范作用，要主动关心名师的进修与健康，有计划地组织名师外出学习、考察，对做出突出贡献和显著成绩的名师给予一定的奖励。2005 年，学校评出骨干教师、品牌教师各一名，其中骨干教师的教龄只有五年。这一政策的出台，极大地调动了广大青年教师工作的积极性。

第四要指导教师。在具体工作中，我们常感到青年教师教育、教学工作热情很高，理论水平也不低，但在经验方面存在明显的不足，对一些教育、教学问题的处理方式有不妥之处，特别是在处理一些突发事件时往往力不从心。因此，学校加大了对青年教师工作的指导。一是"给师傅"，开展"以老带新拜师活动"，给刚上岗的青年教师配备 1～2 名事业心强、经验丰富的同学科骨干教师担任指导教师。指导从最基本的教学常规要求开始，直至教学工作各环节的全面要求，偏重在教法与学法的研究和指导上，发挥师德好、教学科研水平高的教师的"传、帮、带"作用。这里的师徒结对不是完全的一一对应，而是新老教师双方选择，确有水平和能力的教师可带 2～3 名青年教师，而青年教师也可师从 2～3 名师傅，以便博采众长；在师徒结对的内容要求上，不仅是业务上的"传、帮、带"，而且强调师德、教学、科研结合，德、识、才、能并举。二是组织专门培训，狠抓教师基本功建设。学校定期对青年教师进行教学、教研课题研究和现代教学手段的操作等方面的培训，组织外出听课、考察、学习，安排有关教师专门负责，并由教研处统一考核；经常组织青年教师大练基本功，通过举行各种形式的比赛活动，从中选拔出一批基本功过硬的青年教师，帮助他们迅速成长为教学骨干。三是组织开展自学活动，鼓励青年教师学习现代教育、教学的前沿理论，提高专业素质，参与教育科研和教学改革，并结合科研与教改项目，准备相关学习资料，组织他们自学，写出读书笔记。另外，通过组织系统的理论讲座，对确有才华的青年教师给予特殊的个别指导；定期进行经验介绍与交流等活动，把培养青年教师的工作真正落到了实处。

（原载《教书育人——校长参考》2007 年第 11 期）

巧用评价机制促教师专业发展

当前，教师专业化发展已成为国际教师教育改革的趋势，受到许多国家的重视，也是我国教育改革实践提出的一个具有重大理论意义的课题。在教师专业化发展中，教师已由传统的"传道、授业、解惑"转为教育活动的组织者、设计者、合作者。教师这一职业角色、职能的转化要求其自身发展是持续的。教师这种持续的专业发展需要由教师评价这样的机制来保障，没有与之相配套的机制，教师专业化就不可能实现。

传统的教师评价往往是管理者的主要工作。管理者对教师进行评价往往是在教师评聘、晋升职务或者年终评选先进的时候，这时的教师评价存在两个问题。首先，教师评聘、晋升职务、评选先进是以外在名利目标为导向的，即试图通过利益再分配的方式来激励教师，但这一方式仅仅激励了小部分人，获得利益那一部分教师在获得超出别人利益的同时，受到了群体的压力，而未获得利益的教师往往愤愤不平，真正想要赶超先进的人只是少数；第二，这种评价并没有把每一个教师都纳入视野，尤其是面对不同学科、不同资历、不同年龄段的不同教师，管理者都很难运用不同的尺度来衡量，绝大部分时候个人的主观感觉和印象占优，缺乏权威性。这样，管理者个人的喜好影响了教师的行为，以至于伤害到了教师的教学自主权，直至抑制教师的创新精神，不利于教师专业发展。

教师工作是一项艰辛的、复杂的脑力劳动，其工作成就表现在学生的身心发展方面，既不可能像企业产品那样直接供人享用，也不可能像艺术作品那样可以直接供人欣赏。在短期内，教师的工作成就不可能立竿见影地体现出来。教师工作的特殊性，决定了教师评价机制必须以符合教师的心理特点和合理需要为前提，评价重点应该是运用评价激励因素去调动教师的积极性，重视教师作为"文化人"的追求。

一、建立阶段性评价机制

在教师的职业生涯中，由一名新教师成长为专家学者型教师，需要经历不同的发展阶段。建立阶段性评价机制，通过阶段性教师评价的导向、激励、调控作用，既可以把握在教师专业发展过程中各个阶段的起点和基础，又为教师新一阶段的发展提供动力和支持。学校可以按照教师专业标准划分出不同的等级，按不同教师的角色职能、胜任工作能力等划分为不同的级别，给予不同的专业职称和不同级别的待遇，并提出不同的教育或培训要求。比如，按时间序列，将教师分为合格教师、教坛新秀、教学能手、骨干教师、学科带头人、名师等，通过不断的考核和评定，给予质量认证和奖励；按能力系列，打破教师年龄、职务、级别的限制，侧重于能力和实践的评价，配套相应的津贴和待遇，激发教师专业发展的动力。

二、探索个性化评价机制

对于"什么样的老师是一个好老师""怎样的教学是高质量的教学"这样的问题并没有一致的、明确的评价标准，这是教师对评价感到困惑和不满的重要原因。因此，在教师评价中必须要有明确的标准，这些标准不但对于提高评价的准确性和客观性是必要的，更重要的是，它为教师提供了努力的方向和目标。但以往的教师评价在追求明确的评价标准时往往走入了误区，评价标准被固化、程序化和测量化。这样的评价在追求所谓"科学""客观""一致"的过程中忽视了教师的个体差异和教学背景，用统一的、唯一的标准来衡量所有的教师。这样的标准往往都是通过测量用数据表达的，那些更多要凭主观判断、无法用工具测量而又很有价值的评价内容就会被排除在外，从评价开始就将教师限制在所谓的标准范围内，这会严重损害教师的教学创新和自身潜能的发挥，不利于教师的专业发展。

在教育实践中，教学背景和学生的差异是非常大的，也正因为如此，新课程改革才倡导教师个性化教学。因此，评价标准必须适应多种评价背景，要考虑到学科、年级、学生特点、教学环境、教学任务、课程目标、教师发展阶段等因素。如果标准太模糊或笼统，则在标准的施行、操作和保证公平性方面就会有困难，评价者在评价过程中就难以进行一致的判断；如果标准的特异性太强，评价者在判断时容易形成很高的一致性，这样往往会丧失良好教学的"精华"，并有可能造成支离破碎的或"食谱"式的教学。所以，教师评价不能将教师整齐划一，相反，要根据教师、学生和教学环境的特点，通过评价突出教师在教学中的差异，鼓励教师发挥自己的特长，形成个性化教学风格。

三、推行目标导向激励评价机制

对教师工作的评价，不是终结鉴定，而是阶段性的、动态的督导手段，其目的不在于评价本身，而在于给教师工作以引导启发，促进教师的专业成长和教育教学效果的优化。在传统的应试教育背景下，教育评价注重的是区分、甄别、选拔功能，而忽视了它的导向、激励功能；注重的是教育的结果，而忽视了教育的过程，是一种单纯的结果性评价和终结性评价。而在新课改背景下，我们应该更加注重评价的导向、激励、改进功能，从而使评价达到促进教师自我教育和自我发展的目的。

学校的总体发展目标需要教师的专业发展来实现，因此，通过导向激励机制确定的教师个人发展目标应尽可能符合学校的总体发展目标。教师的发展目标应根据其职责、任务和业务水平的不同，有所侧重，突出重点，并留有余地，富有弹性，能够随着情况的变化予以调整和修改。确定教师个人的发展目标，必须充分考虑实现目标的步骤、时间及影响目标实现的各种可能性，应该制订一系列有助于目标实现的措施，如政策支持、物质保障、进修提高、定期回访和自我评价等。

四、构建多元协商评价机制

《基础教育课程改革纲要》指出："建立促进教师不断提高的评价体系。强调教师对自己教学行为的分析与反思，建立以教师自评为主，校长、教师、学生、家长共同参与的评价制度，使教师从多种渠道获得信息，不断提高教学水平。"因此，要重视学生、同行、家长的评价信息，建立多元主体参与评价的协商机制，以利于教师专业发展。

让学生也成为教师评价主体之一。学生是教学活动的直接参与者，对教师的教学最有发言权，应当成为评价教师教学态度、教学水平、教学效果的主导力量。想让每一个学生对教师的教学方法和教学过程都十分满意是不现实的，但是，如果一个教师在教学中让多数学生都不满意，我们可以肯定地说，他不是一个好老师。当然，评价之前要对学生进行正确的引导，使其明确评价的意义和方法，以保证评价的客观性和真实性。

积极开展教师之间的互评活动。教师的教学水平、开拓精神，同学科教师是非常清楚的。因此，学科教研组要经常开展听课评课和丰富多彩的教研活动，为教师提供展示才华的舞台。每次活动后，要组织教师及时座谈、交流，以获取准确的评价信息，并选择适当时机将评价信息反馈给任课教师。

动员广大学生家长参与教师评价。可通过家长会、家长观摩课、提供教师的成长录像、课堂教学资料、教学日志等形式，制定"家长评教表"，让家长参与教师评价。

五、倡导教师自我反思评价机制

"教师成长和发展的第一步，就在于教师自身的反思、教师自身的评价和教师自身的自我改造"。"反思"是教师以自己的职业活动为思考对象，对自己在职业中所做出的行为以及由此所产生的结果进行审视和分析的过程。这样的教师"会对他的教学计划、教学行为以及教学中施之于学生的影响进行评述与分析"，会对发生在自己周围看似平常的教育现象进行思考与探究，会对自己所从事的教育实践进行判断与反省。

有效的教师自我反思评价机制是教师有效开展反思和提高教学水平的必要保障。它有助于增强教师的主人翁意识，改善教师与学校的关系，提高评价结果的可信性与有效性。教师经过不断自我激励、自我诊断、自我反思、自我调整，最终达到自我提高、专业发展的目的。学校应尽量创设宽松的评价氛围，注意激励的时效性，处理好外在激励与内在激励、短期激励与长期激励、物质激励与精神激励之间的关系，鼓励教师反思教育教学过程中遇到的困难和存在的疑惑，并与教师一起分析和探讨，对教师存在的优势、不足和进步尽量形成一致的认识，注重引导教师分析现象背后的原因，提高教师自我反思和总结的能力，鼓励教师积极有效地进行反思和主动创新，进一步唤起、激活和弘扬教师对人生境界更高层次的追求，促进教师的专业发展。

六、强化全过程评价机制

在应试教育中，对教师的评价往往不从教学全过程考核，而以学生的考试成绩为依据，只看学生考试分数、升学率，对教师的教学行为、授课质量不够重视。随着人们对教师评价目标和功能认识的不断深化，新课改认为教育评价的内容应大大拓宽，要着眼"三维"教学目标，不仅要评价教师的"教"，还要评价学生的"学"；不仅评价教育活动的结果，也要评价教育活动的过程；不仅评价学生在知识、技能、智力等认知方面的发展，还要评价学生情感、意志、人格、价值观等非智力因素的发展。因此，全过程的教师评价应该包括：①师德修养。评价教师思想政治素质、工作责任感、敬业精神、自律意识、人格风范等，这是为师之本。②基本技能。评价教师听说读写及信息处理的能力，这是为师之能。③业务素质。评价教师备课、组织教学、师生互动、教学过程处理等，这是教师评价的核心内容。④文化素养。评价教师一般文化知识和专业知识，对专业发展动态的了解把握程度和知识结构更新情况，这是教学工作的必要知识保障。⑤科研能力。评价教师在课题调研、论文撰写、经验交流、教改实施等方面的绩效。⑥教育理念。评价教师的教育思想、思维品质及教育理念的更新能力。⑦工作量。评价教师的教学课时及社会工作情况，衡量教师处理问题和承受压力的能力。

七、教师评价中应注意的问题

处理好显性工作和隐性工作的关系，兼顾评价指标的全面性。从教师的劳动特点和任务出发，全面评价教师，不仅要考核教师在"德""勤""能""绩"诸方面的显性表现，还应该从"使学生获得发展"的角度，对教师的隐性工作给予足够的重视。例如，教学是否只面对几个"尖子生"；传授知识的同时是否忽略了学生智力、能力、身体素质及心理素质的发展；是否注意与学生的交往和沟通，并经常以自身的表率作用带给学生一些潜移默化的积极影响等。教师在培养学生的过程中，为促进学生整体素质提高所做的隐性工作，同样是评价教师的重要因素。

处理好定性评价与定量评价的关系，增强评价指标的可测性。由于教师劳动的复杂性和特殊性，要求教师评价既要有定性指标，又要有适当的量化体系。具体说来，在确定评价标准时，对于很难用简单数量来表示的因素，如奉献精神、思想观念等应使用定性的语言描述分析，而且要使用操作性语言来表述，并尽量避免语言的随意性和模糊性，力求使每项指标都具备较大的区分度。由于定性分析具有不够明确、缺少可比性的缺点，对于容易进行数量化处理的教师行为，如工作量、出勤量、批改作业量等应尽量以数据形式做出评价，以便于对评价结果进行数量比较。

（原载《中小学教师培训》2010 年第 1 期）

让中学骨干教师持续发展

大多数中学骨干教师处于职业发展的中期。在学校中，他们的师德修养、职业素质相对优异，有丰富的教育经验，承担了较重的教育教学工作量，对教育教学研究有一定兴趣和较为突出的能力，取得过一定的教育教学研究成果；在教师群体中，他们有一定知名度，对一般教师具有一定示范作用和带动作用，能够支撑所在地区或学校的学科教学和教学研究工作。

大多数中学骨干教师业务熟练、职称到顶，预期职业目标基本实现。其中有远大抱负的教师通过对教育理论深入的学习，用现代教育理论指导自己的教学实践，不断进行教学反思，对学科教学有独特见解，基本形成了自己的教学特色和风格，成为学科教育专家，多被评为省、市学科带头人、特级教师。但也有部分骨干教师随着年龄的增长、激情的消退，发展动力明显不足，加上长时间超负荷的教学、越来越高的社会期望、越来越难的教学管理，职业倦怠大幅滋生，出现了停滞和倒退的现象。

如何克服上述现象，让中学骨干教师持续发展，是学校实现持续发展必须面对和解决的问题。我们可以从内外两个方面努力，既创设良好的外部环境，又激发教师潜在的自我发展驱力，来实现骨干教师的持续发展。

一、创设良好的外部环境，为骨干教师持续发展提供平台

教师的发展不仅是个人的事，也是学校发展的大事。骨干教师的持续发展离不开学校及学校氛围的推动作用。

1. 弘扬教师持续发展的价值观，完善学习制度，为骨干教师持续发展提供保障

教师持续发展涉及对一系列基本问题的认识，如教育、教师、学生、知识、技能、教学、课程、发展等。事实上，教师专业发展之所以出现差异，与人们对这些问题的认识不同有很大的关系。而对这些问题的认识，实际上反映了学校办学的价值观。学校要通过创建共同价值观体系，弘扬教师持续发展，使全体教师接受、认同学校所确立的关于教师持续发展的基本思想，并内化为自身的一种观念与需求；同时使这样一种共同观念对教师的行为倾向与选择产生影响力，使学校对教师持续发展的一种共同认识转化为客观现实。

制度是规范教师行为，促进教师朝着目标不断奋进的有利保证。因此，学校必须从规范制度入手来保证教师的持续发展。学校应制定合理的学习制度，要求教师根据学校发展目标和自身发展需要制定学习目标和详细的学习计划，在此基础上紧密配合年级组、教研组等部门建立理论学习制度、观摩研讨制度、全员培训制度，

同时制定和完善教师培养使用、岗位责任、考核评价、奖励等措施，把教师的学习意识、学习能力、学习习惯作为主要的评价标准，让广大教师自觉顺应时代发展和教育改革的要求，加快自身的专业发展。学校要千方百计设立渠道，搭建平台，关注和引导教师专业成长，给教师提供更多有针对性的学习、培训、提高的机会，确保教师的学习时间，为教师的持续发展提供物质和精神保障。除了要减少一些不必要的会议，还可以改变以往的教师坐班制，实行工作时间定期弹性安排的原则，尽可能地为教师设置心得交流和学术交流的场所。

2. 重视继续教育，为骨干教师持续发展提供条件

"要给学生一碗水，自己先要有一桶水"。继续教育是全面提高骨干教师教育教学理论含量、理论素养，提高应用能力、创造能力的主要途径。要通过继续教育这一外部推力，使骨干教师真正成为有理论自觉的实践者和有实践自觉的理论者，促进骨干教师整体能力与水平的全面提高。

对教学经验丰富、已经形成自己教学风格的骨干教师而言，他们对知识的需求是"补充、提高、加深、拓宽"。因此，学校应根据骨干教师的要求，选择他们面临的热点、难点问题举办专题讲座、课题研究，强调继续教育内容的针对性和实用性。方式可以多种多样，如以理论学习为主的在职或脱产继续教育、以研究交流为主的教育培训、以问题和案例分析为主的专题拓展等。专家和骨干教师的交流，能较好地解决长期以来教师理论学习和实践脱节的困扰，将教师的教改和研究与教师

业务学习很好地联系起来，形成相互促进的良性机制，推动骨干教师终身学习观念的形成，进而从根本上促进骨干教师的持续自主发展。

3. 倡导教育科研，完善教师评价，为骨干教师持续发展提供途径

著名教育家苏霍姆林斯基说过："如果你要想让教师的劳动能够给教师一些乐趣，使天天上课不致变成一种单调的义务，那你就应当引导每一位教师走上从事一些研究的这条幸福的道路上来"。倡导教师参与教育科研是提高教师自身素质、促进教师持续发展的一条有效途径。

为鼓励教师积极参与教育科研，学校应制定教育科研的相关办法，如加强教育科研工作的规定、教育科研成果奖励办法等，在全校形成浓厚的教育科研氛围，激发教师参与教育科研的热情，也给骨干教师的教研活动提供宽广的舞台。学校要改变以往教师教学与科研脱节、教研组与年级组联系不紧、不同科目的教研组之间不交流的局面，建立起以教师为"点"、年级组为"线"、教研组为"面"的教育教学研究组织体系，形成教育科研网和学习型组织结构，为教师的持续成长创造条件。

评价是推动或者制约教师持续发展的关键措施，它是教师持续发展的指挥棒。以推动教师持续发展为目的的教师评价，必须是发展性教师评价。这种教师评价是一种形成性评价，它不以奖惩为目的，而是在没有奖惩的条件下促进教师的持续发展，从而实现学校的发展目

标。发展性教师评价应注重教师的未来发展，强调教师评价的真实性和准确性，注重教师的个人价值、伦理价值和专业价值。发展性教师评价中要特别注意阶段性教师评价。

教师由一个新手成长为名家名师，需要经历不同的发展阶段。阶段性教师评价活动，既可以把握教师专业发展各个阶段的起点和基础，又为教师新一阶段的发展提供动力和智力支持。通过阶段性教师评价的导向、激励、调控作用可以促进教师专业的不断发展。学校可以按照教师专业标准划分出不同的等级，设置教师专业发展序列，按不同的角色职能、胜任工作能力等划分为不同的级别，并提出不同的教育或培训要求，给予不同的专业职称和不同级别的待遇。比如，按时间序列——准教师、新教师、教坛新秀、教学能手、骨干教师、学科带头人，通过不断的考核和评定，给予质量认证和奖励，激发教师持续发展。

4.营造支持环境，为骨干教师持续发展提供沃土

学校图书馆是教师进行资源整合的重要场所。图书馆为教师的学习和持续发展提供了不可或缺的图书、人力、音像资料等便利条件。学校要重视图书馆的建设，加大经费的投入，保证充足的图书资源提供给教师；要加强网络资源建设，使校园有充足的网络资源可供教师发展利用。

学校应该创造一种有利于每位教师持续发展的氛围，建立相互尊重、相互信任、共同研讨、共享经验和共同发展的有效机制，为每一位教师提供展示自己和提

高自己的机会，使教师产生观念认同感和情感归属感，为教师的成长创造宽松的环境。

二、激发自我发展需求，提高骨干教师持续发展的内驱力

教师的日常工作非常琐碎、繁复，这种状态容易造成教师激情不再，动力不足，出现职业倦怠。激发教师自我发展需求，挖掘教师专业发展的内驱力，是实现教师持续发展的必然选择。

1. 激发教师树立坚定正确的教育信念

教育信念是指教师自己选择、认可并确信的教育观念或教育理念。它既可以是从自己教学实践经验中逐渐积累形成或从外界直接接受而来的教育观念，也可以是经过深思熟虑并富于理想色彩的教育理念。教育信念是教师教育思想和行为的内心向导，它不仅影响教师的教育教学行为，更影响着教师自身的成长与发展。正因为如此，苏霍姆林斯基指出："在学校全部教育现象极其复杂的关系中，最宝贵的东西是什么？教师的信念——这是学校里最宝贵的东西"。著名特级教师斯霞也曾指出，当她从教之后，逐步树立了"一切为着学生的成长，一切为着祖国的未来这样的信念时，我感到我是幸福的。有了这个信念，我千方百计地去钻研我的工作，如饥似渴地补充我的知识，再苦再累也心甘情愿；有了这个信念，个人的安逸，家庭的幸福，如有必要，我都能牺牲；有了这个信念，什么样的屈辱我都能够忍受，什么样的磨难我都不怕；有了这个信念，所有那些瞧不

起孩子王，瞧不起小学教师的世俗观念，都不能使我动摇，我都可以像抹去一缕蛛丝一般地把它们丢在一边"。正是拥有矢志不渝的坚定信念，即使在遭受打击、遭遇挫折的艰苦岁月中，她依然能振作精神，勇于探索，敢于实践。

由信念衍生的教师职业目标是教师专业发展和走向成功的内在需要和现实要求。职业目标直接影响教师职业生涯发展的方向和目标，影响其发展的时间进程和质量水平。有了信念支撑的职业目标，会激励教师把职业转化为事业，把理想、情感、精力全部投入教育教学工作，把教育工作视如生命，用强烈的事业心、崇高的使命感推动职业目标的实现。如果说成为骨干教师前，决定教师间差异的是素质，成为骨干教师后，造成教师间差异的则是理想信念和目标，以及由其带来的行为方式和态度。

2. 引导教师把终身教育与终身学习的理念贯穿于职业生涯

教师不是一种仅仅通过大学教育就能一劳永逸的职业，它需要不断的挑战、不断的更新和发展。一方面，教师的教学智慧，不仅源于自己的教学实践，更要不断学习新的理论知识，并把这些知识内化为自己的知识、信念，运行在自己的实践中；另一方面，随着科学技术的发展，信息传播渠道越来越多，广播、电视、报纸、杂志、网络……学生获取知识的方法、途径更趋多样化，教师的权威性受到了空前的挑战。当前，随着新课程的推广实施，教师要熟悉和掌握的东西越来越多。如

果不加强学习，不主动地去掌握新的知识技能，就无法
胜任本职工作。

要引导骨干教师树立终身教育、终身学习的观念，
把自己的一生视为一个持续发展的连续整体，不断学
习、不断进步和不断发展，并通过接受再教育来保持自
身知识的发展，实现自身的可持续发展。

3. 激励教师反思的需要

孔子曰："学而不思者罔，思而不学者殆"；美国学
者波斯纳说，教师的成长＝经验＋反思。他们从不同的
角度说明了反思在人的发展过程中的重要作用。现代教
师发展的研究也表明，经验加反思的行动研究是教师专
业成长最有效的途径。

教师的反思就是对自己教育教学实践过程的重新审
视。没有反思的过程，教师对自己的教学思想和教学实
践的认识，就很难进入一种高层境界。只有学会反思、
善于反思，教师才能不断地对自我及教学进行积极主动
的设计、控制，调整妨碍教学的错误信念和假设，不断
矫正错误，逐渐形成正确、合理、客观的教学信念。在
很大程度上，教师的持续发展是借助于实践与反思来实
现的。反思习惯的养成和反思能力的培养，是拓宽教师
专业视野、激发教师不断超越的原动力，是实现教师的
专业追求、专业探索乃至专业提高的必由之路。

学校可以开展各种形式的反思活动，如微格教学研
讨、课堂观摩热身、录像观察课堂教学、同事之间的教
学研讨课、反思日志交流、教案展示交流等形式，让教
师与教师之间产生心灵的碰撞，激起反思的火花，在这

个过程中逐渐提高自己的教育教学反思层次。

4. 引导教师学会减负、解压，促进身心健康

中学骨干教师作为教师队伍中的中坚力量，他们所承受的压力相比普通老师有过之而无不及。学校应采取有效措施，为教师减负、解压，降低诸多压力给教师身心健康所带来的严重影响，这是关系到学生能否顺利健康成长的前提和保证，更是激励广大教师，特别是骨干教师坚守自己的职业精神、甘为师表、淡泊明志、远离浮躁，实现教师职业成长和专业持续发展的有力保障。

教师的身心健康从根本上说还得由教师自己维护。教师个体要增强心理防卫能力和自身健康意识，养成健康的生活习惯，注意劳逸结合，防止身心透支，始终保持良好的身体状态和精神状态；要积极参加群体与社会活动，建立良好的人际关系，学会心理自我调节和保健，保持良好的心理状态，减少冲突与矛盾，减少消极情绪；要正确看待目前教育体制改革中的竞争，勇敢面对竞争，积极适应竞争，学会释放竞争所带来的压力。

（原载《教书育人——校长参考》2011 年第 1 期）

为教师反思助力

教师的专业成长是一个长期的发展过程。美国学者波斯纳认为，"教师的成长＝经验十反思"。通过系统的反思，不断增强自我监控能力和教学监控能力，有助于坚定教师的专业精神，有效地把教师自身的实践经验上升到理论高度，更新教师的教育理念，提升教师的理论素养，推进教师的教育科研和教学实践，从而实现教师的专业成长。如果一个教师仅仅满足于获得经验而不对经验进行深入的反思和提升，那么即便他有 30 年的教学经验，也许只是一年工作的 30 次重复。

从根本上说，教师的专业成长是在外在价值引领下的自主完善的过程。教师只有重视反思，善于反思，积极开展反思性教学，才能加快自身的专业成长。教师在教学过程中不断进行反思，重构教学理念，推进教学实践，提高教育教学质量，需要学校为教师搭建反思的平台，学校的引导和助力是不可或缺的重要外部因素。

一、营造利于教师反思的文化氛围

教学反思不是单个教师自己的事，也是一种社会活动，需要多方面的大力支持。正如一些社会学家指出的那样，个人进行反思实践并从中受益的能力取决于他在哪种组织文化下工作，反思的理念和实践往往容易在鼓励人们公开地交流思想和感情的组织文化环境中培养起来。因此，学校应该努力营造一种宽容、开放、和谐、合作的教师反思文化氛围，鼓励教师个人或教师之间合作收集教学实践的资料，并经分析、判断和重建，逐步实现教师之"人"与教学之"事"的相互提升，促成教师反思的日常化，使之成为教师专业生活的一部分，使教师在相互学习、相互沟通、相互评判和相互合作中逐渐提高反思能力，获得教育教学智慧，发展个性，提升专业素养。

教学反思是对原有经验的反省修正，甚至是对原有经验的某种挑战，这会在不同程度上给教师的日常教学工作带来焦虑、困惑和不安。学校要适时引导教师，不可能也没有必要总是生活在"反思教学"中，反思只是教师专业生活的一部分，而不是全部。当教师的原有经验足以解决教学问题时，教师有权利以自己的教学技能和教学智慧当机立断地解决问题，而不必时时反思、事事反思。另外，教师经过反思获得的教学理念只有转化为教师的日常教学经验之后，才能落实到教师的日常教学行为中，才能转化成教师教学常规方法。学校要给教师时间，给教师一个缓冲期，允许教师经过内化和吸收，改变自己原有的教学行为，逐渐接纳和认可反思后的教学，将"反思教学"变成日常教学。

二、创设利于教师反思的管理制度

创设一种有感染力和约束力的管理环境是促进反思成为教师的职业习惯和生活方式的必要之举。没有一定的制度约束，大部分教师都不愿意自觉进行反思，个别有反思意识的教师，其反思也往往浮于表面。美国学者霍顿认为，如果我们想改变人们的观念，不应该试图从理智上说服他们，我们需要做的就是把他们引入一定的情境，使其必须依赖新观念行动，而不要争辩这些观念。由此可见，要促进教师反思，需要有一定的制度规范，这样才能使教师的反思成为习惯，成为其职业生活的一部分。

完备学习制度，重视教师的二次学习，提升教师的理论修养。学校可要求教师根据学校发展目标和自身发展需要制定专业发展目标和详细学习计划，在此基础上由教务处、年级组、教研组等部门建立理论学习、观摩研讨、全员培训等制度并加以落实，同时制定和完善教师培养使用、岗位责任、考核评价、奖励处罚等措施，把教师的学习意识、学习能力、学习习惯作为主要的评价标准，让广大教师自觉顺应时代发展和教育改革的要求，加快自身的专业发展。

规范教学管理制度，强化落实教师的备课和课堂教学。学校不仅要有教师备课制度，更要检查督导教师的备课情况。这种检查不是简单的形式上的检查，而是要从宏观上指导教师备课，重在引导，引导教师从实际操作层面向理论层面发展，提升教师的自我反思意识和反思能力，提升教师理论与实践相结合的专业水平。课堂教学是教师提高反思能力的主阵地。学校要激发教师的使命感和责任感，让教师热爱课堂、深入课堂，去研究教学、实践教学、反思教学；要把教师引进反思性课堂，提供研究现场，让教师剖析教学过程，分析教学环节，共同探讨成功课堂的教学走向；要给教师以示范，激活教师教学中创新反思的冲动，让教师放开手脚争当反思的实践者，在实践中历练自己的真功夫。

开展多种形式的反思性活动。从制度上建构鼓励教师反思的管理制度，还要从实践行动中做起。学校可以开展多种形式的、时间固定或不固定的反思性活动，比如微格教学研讨、课堂观摩热身、录像观摩课堂教学、同事之间的教学研讨课、反思日志交流、教案展示交流等形式，让教师与教师之间产生心灵的碰撞，激起反思的火花，并在这个过程中逐渐提高自己的教育教学反思能力和层次。

三、建立利于教师反思的评价机制

建立有效的教师反思评价机制是教师有效开展反思和提高教学水平的必要保障。

学校应创设宽松的评价氛围，鼓励教师反思教育教学过程中遇到的困难和存在的疑惑，并与教师一起分析和探讨，对教师存在的优势、不足和进步尽量形成一致的认识，注重引导教师分析现象背后的原因，提高教师自我反思和总结的能力，鼓励教师积极有效地进行反思和主动创新。失败是成功之母，要允许教师在探索反思中犯错，要宽容犯错的教师。

　　评价机制应是发展性的。发展性评价不以奖惩为目的，而是在没有奖惩的前提下促进教师反思能力的提高和持续发展，注重教师的个人价值、伦理价值和专业价值。发展性评价中要特别注意阶段性评价。教师由一个新手成长为名家名师，需要经历不同的发展阶段。学校可以按照教师专业标准划分出不同的等级，设置教师专业发展序列，按不同的角色职能、胜任工作能力等划分为不同的级别，并提出不同的教育或培训要求，给予不同的专业职称和不同级别的待遇。比如，按时间序列——准教师、新教师、教坛新秀、教学能手、骨干教师、学科带头人等，通过不断的考核和评定，给予质量认证和奖励，激发教师持续发展。阶段性教师评价，既可以把握教师专业发展各个阶段的起点和基础，又为教师新一阶段的发展提供动力和智力支持。通过阶段性教师评价的导向、激励、调控作用可以促进教师不断反思和持续发展。

　　探索个性化评价机制。在教育实践中，教学背景和学生的差异是非常大的，也正因为如此，新课程改革才倡导教师个性化教学。因此，评价标准必须适应多种评价背景，要考虑到学科、年级、学生特点、教学环境、教学任务、课程目标、教师发展阶段等因素。如果标准太模糊或笼统，则在标准的施行、操作和保证公平性方面就会有困难，评价者在评价过程中就难以进行一致的判断；如果标准的特异性太强，评价者在判断时容易形成很高的一致性，这样往往会丧失良好教学的"精华"，并有可能造成支离破碎的或"食谱"式的教学。所以，教师评价不能将教师整齐划一，相反，要根据教师、学生和教学环境的特点，通过评价突出教师在教学中的差异，鼓励教师发挥自己的特长。这样才利于教师的教学创新反思和自身潜能的发挥，利于教师的专业发展。

四、用好利于教师反思的激励机制

客观事实告诉我们，激励方法应用得当，就能发挥很大的激励效应；方法应用不当，可能会引发教师心理上的不满和怨恨情绪及行为上的消极对抗。因此，学校在运用激励机制，使其在更大范围内、更深层次上调动教师参与教学反思积极性的时候，需要注意激励的时效性，把握奖惩的尺度，处理好外在激励与内在激励、短期激励与长期激励、物质激励与精神激励之间的关系。

在教师的反思活动中，学校应注重调动教师的反思热情，激励教师的反思需要。每个教师的年龄、出身、文化程度、阅历等不同，所以其反思的动机、需要、内容、行为也不尽相同，学校必须深入调查、了解、摸清教师的底子，找到影响教师反思的主要因素，并以此确定激励教师反思的手段和程度。例如，对于反思能力较强、有意愿积极反思的教师，就可用工作本身，满足社会性需要和成就、理想来激励他们；对于反思能力较弱、反思意识不强的教师，就积极督促他们反思，通过改变其目前的教学环境，支持他们对自己教学多发问、多质疑、多思考，使其渐渐走上反思之路；对于没有反思意识、反思觉悟的教师，一定要先培训，边上课边渗透反思的理念，在实践中不断灌输，使其渐渐感悟到反思的益处、好处，以渐渐去学习反思。

在教师的反思活动中，学校要引导教师"上课反思"和"反思上课"。"上课反思"是要教师逐渐摆脱模仿性教学的束缚，让教师在自己"悟道"与"行道"中独当一面，不断地反思教学过程、反思教学设计的合理性、反思教学方法的可行性和接受性、反思教学内容的难点和重点、反思学生上课以及课后的反应、反思布置作业的多样性与作业的质与量、反思教案的成与败等，渐渐地在教学中注重克服自己的缺点，学会教学，形成自己的教学理念、教学风格。"反思上课"是要教师在复杂多变的教学活动中，在不确定的、疑惑的、困顿的、多种可能的、多种选择中亲自寻找和谋划最佳的方式和手段，进而获得真实的教育体验，形成属于教师自己的实践性知识，走出一条自己教学的风格之路，在反思中改进，在改进中反思。

（原载《教书育人——校长参考》2012 年第 3 期）

追求教师幸福的管理

托尔斯泰有句名言：幸福的家庭总是相似的。幸福的教师亦如此。教师的幸福主要来自于他们对教育生活的认同和创造。追求教师幸福的管理就意味着学校要搭建平台、给予机遇，让教师在教育生活中体悟幸福、拥有幸福、创造幸福、实践幸福。

一、让教师成为幸福生活的体悟者

传统的教育管理理论把教师作为一种职业或专业来看待。在通常情况下，"职业型"教师主要是从生计出发，站在功利的角度，以被动和消极的眼光看待自己的职业，他从事这一职业更多是出于无奈，自然无法成为幸福生活的体悟者；"专业型"教师则主要是从兴趣出发，站在非功利的角度，以对教育事业和学生的热爱来对待自己的职业，虽然他从事这一职业是因为自己喜欢，但一旦兴趣消退则难免出现专业倦怠。只有"事业型"的教师才会从自身和社会的需要出发，站在超功利的角度，以完善自我、为社会做贡献的立场看待自己的职业，他从事这一职业是为了过一份更有意义的人生，因而感到崇高而有价值，教师也因此在自己的事业发展过程中积极创造幸福和享受着幸福。从"功利"到"非功利"再到"超功利"，体现了教师对幸福认识的升华。由此可见，"事业型"教师的教学行为不是以外部强制的约束而是以自觉的发展为动力，他们是真正把自己的生命融入教育事业与教育生活中，并从教育事业与教育生活中得到快乐、幸福和发展的人。拥有这些教师，不仅是学生的幸福，也是学校的幸福、教育的幸福，更是社会的幸福。要使教育回归到以幸福为终极目标，就需要学校管理者转变观念，视教师为神圣的事业而不是职业或专业，从事业的角度鼓励教师成长发展。这样，教师才肯教、愿教、志教、乐教，在"乐"中找到幸福。

二、让教师成为幸福生活的拥有者

在教师的日常生活中，教育教学是教师的生命，课堂教学是教师基本的生活方式，是教师生命价值的体现。让教师在工作中成为幸福生活的拥有者，不仅是学生快乐成长的保证，也是教师自身发展的愿望，更是教育事业发展的需要。因此，学校应尽力创造条件让教师成为幸福生活的拥有者。

中国特定的国情和教育环境，决定了教师的生活世界和实践活动主要在学校，一般都是十几年，有的甚至是一辈子。因此，学校是教师获得幸福的主要场所。这就要求在学校管理中做到：（1）以教师为本，关注教师的幸福，让教师成为学校的主人；（2）尊重教师的专业自主权，提高教师职业的安全感和稳定感，教师在学校可以自由自在地探索和追求智慧；（3）提高教师职业的社会声望，让教师感受到职业的自豪感、成就感，并进而感受到生活的幸福。

三、让教师成为幸福生活的创造者

做一个幸福的教师要具有创造幸福的激情和能力。教育是一个富含创造的过程，教育情境的营造、教育内容的选择和组织、教育方法和手段的运用、教育机智和智慧的酝酿、教育理念的升华等无不包含着教师内在的自我实现、自我超越的精神力量。一个幸福的教师，必然具有出色的创造能力，并能培养学生的创造力，正如第斯多惠所说："一个坏教师奉送真理，一个好的教师则教人发现真理"。

1. 引导教师创造教学世界的幸福

"因为教育是一个使教育者和受教育者都变得更完善的职业，而且，只有当教育者自觉地完善自己时，才能更有利于学生的完善和发展"，"没有教师的生命质量的提升，就很难有高的教育质量；没有教师精神的解放，就很难有学生精神的解放；没有教师的主动发展，就很难有学生的主动发展；没有教师的教育创造，就很难有学生的创造精神"。换句话说，没有教师的幸福感觉，就很难有学生的幸福感受。

创新是教师成熟的一个标志，是教师在教学领域内能够表现出来的独特的、杰出的、非凡而最有价值的才能，尤其在新课程改革的今天，新教材、新标准、新理念、新方法已出现在教师面前，教师的创新能力被越来越多地关注，它逐步成为教师自我发展和自我成长的决定因素之一。学校要鼓励教师在教学过程中不断地创新教学方式，冲破传统的以教材为中心、以课堂为中心、以教师为中心的藩篱，制定各种奖励创新的措施、开展各种教育创新研究、举办各种新型教学技能大赛，以充分调动教师参与教学创新的积极性。

2. 引导教师创造生活世界的幸福

这里的生活世界不仅指课堂之外的家庭和社会生活，也指教师与学生在课堂上共同营造的生活世界。"对于幸福教育的教师来说，教育不是牺牲，而是享受；教育不是重复，而是创造；教育不是谋生的手段，而是生活的本身。"因此，要成为一位幸福的教师，就要在生活世界里学会创造，"创造"是生命之树常青之源泉，这不是诗意的赞美，而是对生命本质的肯定。

幸福要以一定的客观物质条件为基础，但它本身是一种心理体验，它需要在后天的活动中获得。同时，追求幸福又是人的内在需要，是人的一种潜能。学校要引导教师把教育活动当成参与生活、体验人生的重要途径，引导教师怀着满腔的热情投入工作，快乐地与学生交往，欣慰地享受着自己教学中的成就，并在教育活动中找到属于自己的位置。这样教师才会把"教师"这一职业看成自己全部的生命，并把全部的生命奉献给"教师"这一事业，教育活动本身即成为一种幸福的体验。

四、让教师成为幸福生活的实践者

1. 服务导向，帮助教师发展

学校管理的职能之一是为教师服务，为教师开展教育教学工作提供物质和后勤保障，同时也为教师的专业成长做学术上的指导。追求教师幸福的管理应体现"以人为本"的理念，优化评价机制，营造有利于教师成长的教育工作环境，尊重教师作为独立个体具有的个人尊严与价值、拥有实现自身价值的空间，使广大教师感受到在工作、学习中自由创造的意义和乐趣，实现"人人有事干、处处有舞台、时时有进步"的管理境界。

2. 咨询导向，规划教师发展

在教育教学活动中，教师是学生的教育者、组织者、领导者，是学生健康成长的引路人。在学校管理工作中，学校领导则是教师的带头人、协调人、指导人，是教师发展的规划者和设计者。因此，学校首先必须有为人师表、教书育人、敬业爱师的管理者，通过他们的工作来帮助教师发展，做教师专业发展的规划者、事业成就的导向者和职业成长的咨询者。一个有经验的校长认为，学校要"靠老教师看家，中年教师当家"，更要"靠青年教师发家"，这是很有远见的。只使用而不培养教师的管理者是缺乏远见的管理者，实际上是竭泽而渔。

3. 文化导向，推动教师发展

课堂是实现教师幸福的主要阵地，校园则是教师获得幸福的主要场所。健康向上的校园文化不仅具有强大的凝聚力和吸引力，还可以促进教育、科研及管理，调节和激励教师的思想行为。学校应该创造一种有利于每位教师持续发展的文化氛围，建立相互尊重、相互信任、共同研讨、共享经验和共同发展的有效机制，为每一位教师提供展示自己和提高自己的机会，使教师产生认同感和归属感。

4. 事业导向，激励教师发展

人的生命意义指向和追求的是尊重生命存在、激发生命潜能、提升生命品质、实现生命价值。实现教师的生命可能性就是唤醒教师的生命意识，重新思考教育的真谛。教师要达到这种境界，需要学校管理者为全体教师规划共同愿景，描绘美好的发展前景，以愿景为导向，以前景为目标，努力开发与成全教师的"灵思和创意""知识和灵感"，使其生命的潜能得到最大限度的发挥，成为"能够以自己的灵思感动启悟学生的灵思的个性丰盈的个人"。

教师的从业之魅来自于教师的事业心。教师在学校愿景的引导下逐渐成熟，在对事业的追求中永葆青春，实现自我生命意义与价值的满足感，这也正是教师的生存方式所特有的幸福。

（原载《教书育人——校长参考》2013 年第 2 期）

第四篇

杂思小记

分数以外的

　　这是人民网的一则消息，1/3 的青少年学生认为自己不受同伴的欢迎，认为自己不受欢迎的学生中，一半人认为自己太骄傲而被同伴排斥，另外一半认为自己"和同学很少交往"，"不自信、胆小"。2/3 的学生认为自己受同伴欢迎，原因是"比较开朗，爱与同学相处""和同学相互帮助"等。有研究表明，从小学三年级开始到初中三年级，最受欢迎的学生都具有良好的角色扮演能力，其社会技能水平和认识技能水平较高。心理学家对那些成就感低、社交活动中被同伴拒绝的学生进行学习技能训练。结果表明，这种训练不仅提高了他们的学习成绩，还使他们在同伴中的地位和受重视程度有所改善。一年训练后，被拒绝的学生变成了可接受的学生。

　　这让我想起了一件事。那是我当学校团委书记的时候，一个被老师认为是品学兼优的学生，在入团时，班级支部怎么都通不过，询问原因才知道，原来这位老师眼中品学兼优的学生，因为成绩好，从来不跟班上同学玩，从来不愿帮助同学，生怕同学在考试中超过自己，因而在同学中没有好"人缘"。到高三快毕业时，班级支部"网开一面",这位学生总算是入了团,但这件事在老师、同学中间被议论了很久很久。

长期以来,我们总是以升学率衡量学校的办学质量,总是以分数衡量学生的一切,这种评价体系自然会导致学校、教师、家长、学生只看重分数,我们的家长在为孩子选择学校、我们学校在为自己做宣传时首要考虑的都是升学率,我们才不管孩子学到了什么知识,只要能上清华、北大就好,至于孩子上清华、北大以后会怎样,谁都不关心……所有这一切实际上都是在牺牲孩子的未来!

给学生留一些空间

曾经听过这么一个故事:

有一个人幸运地获得了一颗大而美丽的珍珠,然而他并感到不满足,因为在那颗珍珠上面有一个小小的斑点。他想若是能够将这个小小的斑点剔除,那么它会成为世上最珍贵的宝物。于是,他就狠下心削去了珍珠的表层,可是斑点还在;他又削去第二层,原以为这下可以把斑点去掉了,殊不知它仍旧存在。他不断地削去一层又一层,珍珠也越来越小,到最后,斑点没有了,珍珠也不复存在了。那个人心痛不已,并因此一病不起,临终前,他无比懊悔地说:"若当时我不去计较那一个斑点,现在我的手里还会攥着一颗美丽的珍珠啊!"

教育的目的,不是要求学生掌握人类知识的全部,而是促成他们占有少量的基本知识和掌握较强的选择、获取、驾驭、应用知识的能力,给学生留有发展的空间。学生毕业时,不是希望他们挑着满筐的"鱼"回家,而是除了拎一两条"鱼"之外,最重要的是带上"渔"。全面发展应当是从整体把握的身体、心灵、智慧的和谐共进,不是每个细节、每门课程、每个项目的样样俱全。样样俱全是绝无可能的,正如古人云:"备前则后寡，备后则前寡，备左则右寡，备右则左寡，无所不备则无所不寡"。

同样，对待犯错的学生，也要留有一定的空间。要允许学生犯错误，又要给学生留一个改正错误的空间。不管怎样，我们不能一棍子打死一个人，也不能一句话树立一个英雄汉。

过犹不及。过分冗杂苛刻的教育，事倍功半而且有害：损害了学生身体与精神的健康，影响了学生的学习兴趣、主动精神，扼杀了学生创新与发现的幼芽。

其实，我们只要慷慨一点，在课堂上给学生留一点自主的空间，让学生自由地发挥，就可以收到"此时无声胜有声"的教学效果。因此，我们的教育完全用不着如此高度紧张、繁重密实，有可能而且也应当还几分时间，留一些空间，让学生自由发展。

那些过去的日子

自从当 17 班班主任以来，短短一年半的时间，似乎并没有什么惊天动地的大事，不值得纪念。直到确定我要和我在坪高的第一批学生分别，我的心里才酸楚起来。

在当他们班主任的这些日子里，不敢说自己有多么爱他们，因为我亦不敢确定他们有多爱我。只是，那些灿烂的笑脸整天在脑海里浮现，总会让我再次怀念和他们一样白衣飘飘的中学时代，尽管我已不再年轻。进而，我内心的激情再次被点燃，我迫切地渴望着下一批学生的到来，我有些手忙脚乱，一如我此时的心情，我在考虑，我应该为他们的到来准备些什么。

没有学生，我是孤独的；没有讲台，我是落寞的。过去的岁月里，我的苦涩，我的快乐，都与学生息息相关，他们的纯真善良，他们的坚毅刚强，他们的叛逆不羁，这一切，让作为班主任的我欣慰并永远自豪。

我想，没有学生，我就不会告别年少轻狂，就不会成长，也就不会渐渐在流逝的日子里学会理智地思考。有过失败，有过太多的困惑和艰难的探索，我总算也有收获。工作是为了生活？或许这没有错，而教师的工作已经决定了我生活的方式与我必须的姿态。我必须时刻承受得住压力，担得起责任，而我也将获得传播文明与文化的快乐，并且为使学生成为大写的人而不断完善自己。

我是一个不太善于沟通的人，但是我明白表达的重要，其实也就是说理解别人并且被人理解是重要的。相互理解才意味着最高程度的爱，最真实的爱。理解别人是一种美德，严格要求自己是一种高度的责任心，老师和学生都不例外。记得有一次学校常规后，我的班级分数因为男生宿舍内务不合格远不如其他班级，我很不高兴，当时我告诫自己不要把这种情绪带到教室。可是当我走进教室，学生的闲谈声让我不由自主地控制不住自己，无形中表现出神情沮丧，并在一些话语中出现对学生的不满情绪。令我感动的是一位学习成绩并不是太好的学生，到办公室安慰我说："老师，你不要老盯住这次的分数不放，我们班不是每次都这样。"这位学生开阔的胸襟使我感到汗颜。

工作有过挫折，很多时候，面对失败，有满腹的委屈和抱怨，但渐渐我才发现，牢骚抱怨并没有阻止我前进的脚步，而真正支撑我走过来的是这个信念，即告诉自己：失败是什么？没有什么，只是更走近成功一步；成功是什么？就是走过了所有通向失败的路，只剩下一条路，那就是成功的路。

身教胜过言教，当你以积极的姿态站在那里，你的学生决不会懈怠；当你主动将一切承担起来，你的学生不会无动于衷；当你勇敢地承认错误，面对失败，他们一定会更加爱你!

　　这就是我为我即将到来的学生所准备的礼物。我想，付出之后必将收获。宽容，理解，勇敢，坚强，我要和我的学生一起成长!

同学生一起梦想

前些日子去广州帮助学生单考，闲暇时常和他们交流聊天，谈生活，谈理想，谈未来。交流中，惊叹于学生丰富的想象力、惊叹于他们对理想实现方式的描述：做一个世人称道的艺术家、设计师，在地球上留下自己的印迹；做政治家，按照自己的设想改造社会，让理想变为现实；做个自由职业者，满世界跑，自己的事情自己做主……对于一个充满青春活力、充满想象力的高中学生来说，我们也许永远都不可能预测他将以何种方式、何种途径去实现他未来的人生价值，获取属于他的成功。作为教师，我们要做的只有一件事，那就是鼓励、鼓励、再鼓励！只要是积极的、健康的、向上的就鼓励，然后把剩下的事交给学生自己去做。

在我看来，学生的许多看似不切实际的梦想其实都是有可能实现的。这是因为，梦想使人产生激情，产生难以想象的动力，可以最大限度地激发人的潜能，而这种激情、动力、潜能正是实现梦想的必备元素。面对学生的梦想，我们千万不能说那是不切实际的"好高骛远"，那是在做"白日梦"，千万不能给学生泼冷水，因为正是有了梦想，"不切实际"才有可能开拓通往实际的道路。作为教师，我们不但自己要有梦想，而且要学会给学生梦想，要学会和学生一起梦想，一起为梦想而努力。

其实，人总是生活在梦想当中的。每个学生都有属于自己的富于个性的梦想，尽管有些异想天开，有些脱离眼前的实际，尽管他们不知道梦想实现起来有多么的艰难。但毕竟这是一种积极的态度，是学生身上最有价值的精神财富。我觉得对每一个学生而言，梦想的结果并不重要，重要的是过程。学生有了梦想才会有所期望，才会去努力追求、努力奋斗，才有可能涉过人生旅途的急流险滩，才会有生命的精彩，才会有人生的灿烂。即便学生最终没有成就自己的梦想，但至少会有一个积极向上的心态和发展空间。教师在学生的生命成长中，充当的角色不应是怀疑嘲笑他们的梦想、粉碎他们的梦想，而应是鼓励他们去梦想。如果不能给予学生梦想，那至少应该支持他们完成梦想。学生的心灵是一片肥沃的土壤，你播下什么样的种子，就会开出什么样的花，结出什么样的果。在他们实现自己梦想的过程中，教师要让学生明白持之以恒、水滴石穿的道理，使学生坚持不懈地为梦想而奋斗，鼓励学生将想法变成行动，在行动中体验成功的乐趣，即使失败也是一种绝好的教育方式。

法国一则谚语说："不相信奇迹的人，奇迹永远也不会降临在他身上。"什么事都有可能发生，所以要让学生保持一颗相信奇迹的心，这不是侥幸，而是多给自己一次机会。学生的成长是一个长期的过程，需要不断给予鼓励和自我激励。

让我们和学生一起梦想。

笑着面对学生

有一段时间，学生显得异常的浮躁，课堂上不是这个说话，就是那个做小动作，我也就充分地表现了一个严师的形象，对他们的行为不停地用严词来批评指正。每堂课就在我的严厉的喋喋不休说教中进行着……

直到有一天，上课时因为举了一个有趣的事例，我自己忍不住笑了起来，一直在沉闷的气氛中听课的学生也跟着笑了起来，我没有制止学生笑，而是等学生笑完之后再接着上课，并趁机表扬他们近来"好"的表现。结果这节课教学效果出奇的好。

下课铃响了，我离开教室时，听见学生在小声说："老师总算笑了"。

是呀，我有多久没有和他们笑了。猛然间我意识到，我每天都在不停地批评这个指责那个，把与学生之间距离拉得那么远。但在学生眼里，天还是那么蓝，"老师"这个词还是那么神圣，寄托着他们无限美好的幻想和期望。我不禁反思"师道尊严"真的那么重要吗？面对学生为什么不能改变一下自己教育的方式呢？那堂课上，我仅仅只是表扬了一下他们，对几个平时不怎么认真的学生，因为回答对了一个不太难的问题也表扬了一下而已。

自此以后，我尽量把笑容带进课堂。渐渐地，课堂安静了下来，学生愿意跟我说心里话了……

其实，每一个学生，都非常渴望老师的笑容。无论事大事小，让我们学会笑着面对学生吧。

与学生一起成长

在老家江西经历了 20 年的教学生涯后，我选择了重新开始，来到深圳坪山高级中学，又一次当起了班主任，一个美术重点班的班主任。来到一个新地方、新学校，面对新的情况，压力很大。尽管有以前多年的班主任经验做底子，但毕竟是多年前的事了，况且现在的学生同以前的学生有许多不同。既来之则安之。在我心里仍有一个梦想：做一个让学生喜欢的班主任。我要在他们成长的路上，给他们以真诚的关心与帮助。

在那些与学生日夜厮守的日子里，我有过成功，也有过失落。但我和学生毕竟经历了，面对了，成长了。

每天我早来晚走，关注每一个学生，关注着班里的变化。都是一些进入了青春期的学生，又是学美术的，青春的萌动和躁动在他们身上表现得特别明显。他们在个性上要求独立、要求有自己的空间，同伴、朋友的影响力特别强，甚至在某些方面远远超过了老师。学生在老师面前"不听话"了，这个时候，老师的影响，不是束手无策，而是要改变影响的方式。开班会课的时候，我的目光总是扫过每一个学生，让学生们知道我一直在关注他们。课后只要有时间，就尽量待在教室里，利用各种方式和学生进行沟通。沟通中站在学生的角度，从学生的立场去思考问题，师生之间既是师生又是朋友。

班干部向我反映，学生宿舍的卫生和内务一直是我班的短板，多次检查被扣分。我想这正是做好班级工作的好契机。但人算不如天算，我的工作还未正式开始，学生宿舍检查结果通报就到了，男生401宿舍因为地面不清洁被扣分，同学们议论纷纷：又是401，这个宿舍总是被扣分……怎么办？搞卫生的同学已经面临很大的压力，班主任再声色俱厉地批评，会不会适得其反？也许缓一步、冷处理是个好办法。于是，我把当天负责卫生的两个学生单独找出来，在详细了解当时的有关情况后，我只是说了一句话："发生的已经发生，我们要做好现在的工作。"两个同学再三保证一定做好卫生工作。我肯定了他们的保证，答应给他们改正的机会。这事就过去了，401果然再没有因为卫生问题被扣分。

小李同学是课代表，工作十分负责认真，学习也十分刻苦。在沟通中我发现她的自信心不足，老是担心自己的文化成绩上不去、专业成绩不如其他的同学，这种担心使她时刻处于焦虑之中，严重影响学习的状态。我告诉她，不要老拿自己的不足同别人的优势比较，而是要立足于自己的现实，把自己今天的成绩同昨天的成绩比较，看到自己的进步和成功的方面，适当调整自己的心理预期，只要自己每天都在进步，那就是成功，就值得肯定，老师相信你能调整好自己的状态。小李点点头，说努力尝试一下。小李同学经过自己的努力调整，精神状态有了明显的改善，人也变开朗了。

　　高三时去广州陪学生单考。闲暇时间经常和学生交流聊天，谈学业，谈生活，谈理想，谈未来，谈师生间感兴趣的各种话题，一来为缓解学生考试的紧张情绪，二来为更好地了解学生的实际想法。交流中，我常惊叹于学生锋利的思想、丰富的想象力，惊叹于他们对理想实现方式的描述：做一个世人称道的艺术家、设计师，在地球上留下自己的印迹；做一个有作为的政治家，按照自己的设想改造社会，让理想变为现实；做一个自由职业者，满世界跑，自己的事情自己做主；做一个铁血军人，誓言为实现"中国梦"保驾护航……对于一个个充满青春活力、执着于梦想的高中学生来说，我也许永远都不可能预测他们将以何种方式、何种途径去实现他们的梦想，获取属于他们的成功。作为老师，作为班主任，我要做的只有一件事，那就是给学生鼓励、鼓励、再鼓励！尽管他们有些异想天开，有些脱离眼前的实际，尽管他们不知道梦想实现起来有多么的艰难，但毕竟这是一种积极的态度，是学生身上最有价值的精神财富。梦想的结果并不重要，重要的是过程。在学生的生命成长中，我充当的角色不应是怀疑嘲笑他们的梦想、粉碎他们的梦想，而应是鼓励他们去梦想，和学生一起梦想。

　　更多的时候，我就像一个沉默的牧人，远远地看护自己的牧群，用眼睛来观察，用心来呵护，渐渐地我发现了我们班的特点：散而不乱。十来个聪明好玩的男孩儿，课余经常一起打篮球，他们是这个班的活力之源，也是这个班的多事之根。虽然这些学生在学习和纪律上给我增加了负担，让我费心不少，但他们没有因为我的批评甚至是过火的责备而记恨我。我很感激他们的天真与宽容，渐渐地，我在班上不再随便发火，而是适时地表扬个人或全班。慢慢地，班里学习气氛比较浓厚了，纪律也严谨多了。

高考前的几个星期，我天天在教室转转，不为辅导学生的学业，只想在学生压力最大的时候给予默默的支持，只想陪伴他们度过高中阶段最后的时光，以无声的举动告诉学生，我希望他们都能考上理想的大学、希望他们都能无愧无悔走完高中的岁月，而我，是他们成长岁月里的一位诤友，一位良师。

终于，我的学生都顺利毕业了。我和学生们一直保持着良好的关系，他们时不时会给我发个短信、打个电话，聊聊大学生活、个人的问题、对未来的期盼，我也在力所能及的情况下给予学生一定的建议。我想这大概就是教师职业的幸福吧。

做一个幸福的人

在外人和我们自己看来，一个学年除了有两个假期（带高三毕业班的老师除外）的幸福之外，我们无法阻止也无法摆脱社会与家长的急功近利思想对教师过高期望所带来的压力。于是，一节又一节地备课、一遍又一遍地上课、一本又一本地批改检查、一次又一次地考试、一轮又一轮地复习……周而复始，循环不止。这一切都可能成为不可承受之重，久而久之，让老师产生"心累"和职业倦怠感。由此看来，教育职业并不必然是幸福的，它的幸福依赖于教师的积极心态，来源于教师对生活世界的体悟、教育世界的体验。

托尔斯泰有句名言，幸福的家庭总是相似的。幸福的教师亦如此，幸福需要不断地去体悟、去体验、去感受。

教育是一个使教师和学生都变得更完善的职业，更是一种生活。没有教师生命质量的提升，就很难有高的教育质量；没有教师精神的解放，就很难有学生精神的解放；没有教师的主动发展，就很难有学生的主动发展；没有教师的教育创造，就很难有学生的创造精神。换句话说，没有教师的幸福感觉，就很难有学生的幸福感受。一个幸福的教师，他会以积极的心态参与到教学中去；一个幸福的教师，他会以独特的眼光审视和分析教学实践中碰到的问题；一个幸福的教师，他会享受教学情境，在享受教学情境过程中体悟教育教学带来的成就感、满足感；一个幸福的教师，他会对自己的教育教学进行反思，对获得的经验进行总结；一个幸福的教师，他会把学生的点滴进步作为工作的最大动力，为学生的进步而由衷地高兴。

做一位幸福的教师，就要在师生共同营造的生活世界里学会体悟、学会体验。幸福生活是由人们追求幸福的活动所获得的，是一种不断被创造出来的美好过程。幸福具有最高价值，它决定人生的各个方面，但它自身又不被其他东西所决定，幸福只能是它自身，放弃幸福就等于放弃幸福生活。在工作生活中体验到幸福，是我们自身发展的愿望，也是学生快乐成长的保证，更是教育事业发展的需要。

做一个幸福的教师，要求我们具有积极追求个体人生幸福的主观态度。教育活动作为我们整个人生过程的经验，不应该对现实的存在和生活置若罔闻，而应给予极大的热情和关注。关注的目的不在于知道我们怎样生活着，而在于试图促进我们更好地生活着，体验到生存的意义和幸福。王小波说过，一个人只有此生此世是不够的，他还应当拥有诗意的世界。我们要学会"诗意地栖居"，在生活中找到属于自己的位置，不仅要学会欣赏风景，也要让自己成为美丽的风景。

幸福是一种客观生存状态，需要我们去创造；幸福更是一种主观心理体验，需要我们以感性的能力去发现和体验。做一个幸福的教师，就要在生活世界里学会创造，学会把教育当成自己参与生活、体验人生的重要途径。快乐地与学生交往，欣慰地享受着自己教学中的成就，并在教育生活中找到属于自己的位置，不管它是伟大还是平凡。我们最大的快乐就是培养出自己为之自豪的学生，我们最大的成功就在于让更多的学生超越自己。

在深圳工作的时间里，对我个人而言，经历了内地和特区两种不同观念的碰撞，面对的是新类型的学生、新的教育环境、新的工作生活，有着新的要求，一开始着实有点摸不着头绪。好在年级组老师们非常热心，在他们的帮助下逐渐适应了学校的工作节奏，找到了工作的感觉，也逐渐和学生熟悉融洽起来。此时此刻，尽管微不足道但确实有了幸福的感受。

最美的邂逅

2016 年 9 月，我受深圳市教育局委派到汕尾市陆河县陆河中学支教。在一年的支教时间里，我走进了陆河教育第一线，体会到了经济欠发达地区教育教学工作的困难与艰辛，体味到了教师职业不一样的酸甜苦辣，对教师职业有了更深的理解。一年里，我工作着、感动着、收获着。

一、坚持

支教对每个支教老师来说，是一次磨炼，毕竟它打破了原有的生活规律和工作节奏，要重新以新人的态度适应新的环境，需要具备吃苦耐劳的精神。因此，在接到支教通知后，我就已经做好了充分的思想准备，不管遇到多大困难，一定要坚持下来，尽自己最大的努力尽量干好自己的本职工作。

陆河中学是一所新学校，学校很大很漂亮，然而在教学基础设施方面还没有完全到位，尤其是在现代化教学设施建设方面同深圳存在不小的差距，这让我有点措手不及。但既来之，则安之。支教一开始，我就没有把自己当作一名"流水教师"，而是把自己当作本校正式老师对待，遵守学校的各项规章制度，认真履行一个"陆中人"的职责，与同事融洽相处，对学生给予一片爱心。一年的支教生活，可以说随时随地每时每刻都面对一种挑战，也创造了多个第一：第一个整天都守在办公室的老师、第一个每节课都提前进入教室的老师、第一个追着学生交作业的老师、第一个天天与学生一起跑步的老师……我很庆幸我坚持了下来，并出色地完成了支教的任务，得到了陆河中学的高度评价。

二、坚守

1. 踏踏实实教书，全心全意育人

我接任的是高一年级四个班的教学工作，共有230多名学生。由于都是新生，班主任对学生的情况也不是很熟悉，所以学生的一些情况只能靠我自己去了解。我尽可能多和学生们在一起，与他们谈学习、谈理想，把自己真正融入他们当中，成为他们的一员。我发现不少学生并没有什么理想目标，更多的是因为父母"要我来读我才来读的"，所以，学习没有太大的主动性和积极性。初步了解了学生的思想状况，接下来我就开始了解学生的学习情况。这些学生的知识储备严重不足，学力普遍不强。加上由于父母文化水平的局限、教育观念的偏差、外出打工等因素的影响，对孩子缺乏必要的激励和引导，关注孩子学习的甚少，各方面发展是"自然状态"——顺其自然。学生虽天真淳朴，却显得有些木讷，思维缓慢，语言苍白，作业拖拉也就不足为奇了。开始上一节课时，尽管我做了充分的课前准备，并把师

生互动的"版本"降了又降，我自以为比较适度的问题，学生却张口结舌、茫然不知……课堂教学的尴尬层出不穷，相当一部分学生，对我提出的问题和学习要求甚至听都听不懂，更不要指望他们自觉思考问题。在第一次阶段考试中，满分的没有，60分到80分的只有几个，最低分几分，这是我教学二十多年来见到的最差的成绩。看到那一排鲜红的分数，我在感到惊讶的同时，也深深地感受到了肩上担子的沉重。

面对这群基础差、学习习惯较差的学生，我从欣赏他们入手，用微笑去面对他们。我敞开心扉与学生交流，用朴实坦诚的话语解答他们的疑问，给他们讲述外面世界的精彩，告诉他们"知识就是力量，智慧成就未来"。每当我和学生讲这些时，尽管他们听得不是很认真，但从他们逐渐改变的眼神里我看到了他们对美好未来的向往。我的课堂开始生动起来。课上，我们一起学习，课下我们一起跑步健身，他们的笑脸告诉我他们开始喜欢我这个来自"特区"的老师。几个星期之后，大部分学生形成了良好的上课习惯和学习习惯，精神面貌发生了很大的变化，学习成绩都有不同程度的提高。

2. 积极投入教研，发挥引领作用

在陆河中学支教的一年时间里，我通过示范课、讲座、经验交流等方式，毫无保留地将自己所学、所知、所悟介绍出去，交流自己的教育教学心得，传播特区先进的教育思想、教学理念和教学方法，同时也注意向陆河中学的老师们学习，学习他们的吃苦精神和宝贵经验。一年来，我们在自觉不自觉的氛围中互相学习，相互交流，共同进步，共同提高。

深圳和陆河两地的差异，对我而言既是一种挑战，也是一种激励。我深切地感受到了自身还需进一步提高，因而支教这一年，我利用课余时间读了一些书。书成了我的良师益友，成了我消磨"寂寞""无聊"的精神食粮。通过一年的学习与实践摸索，我的收益良多。可以说，我不仅"浇灌着"，更是"收获着"!

三、感动

陆河是个自然环境优美的好地方，山青水秀，空气清新。但由于各种条件的制约，经济状况并不很理想。但陆河人的好客、质朴、对支教老师的关心、爱护和支持，让我收获了无数感动。

支教工作虽然很清苦、寂寞，但是，每当想起领导和同事们的关怀和鼓励，看到学生们的学习进步了，看到学生们变得懂事了，看到学生把自己带的东西送到我的面前说"老师，您辛苦了，您尝尝"，看到学生手捧新年贺卡，说："老师，祝您新年快乐"……每每看到这些，想到自己所做的点点滴滴，不正是我们这些平凡的人最大愿望吗？付出得到了领导和同事的赞许，同时也赢得了学生的肯定。我心中唯有无言的感动，这样的日子虽然苦点、累点，但快乐着。

四、感悟

教学观念和教学行为的改变。从经济文化教育发达的现代化大都市深圳，来到经济文化教育欠发达的陆河县支教，对我而言就是一个全新的开始。尽管已从教二十多年，但每一次的备课、上课、批改作业、课外辅导都是一次挑战，因为面对的是一个从里到外完全不同的学生群体，不同的学生只有使用不同的教学方式才有效果；每一次的师生互动与对话，都是一次不同的体验，因为学生脱口而出的客家话，往往让我不知所云，不得不停下来提醒该使用普通话；每一次的晚修与查寝，都是一次观念的交锋与洗礼，因为学生的所思所想有时已超越了我的认知极限。只有改变，改变已有的教学观念和教学行为，才能快速地扎根下来。

心灵深处的触动。我在高一年级任教。这一届学生整体较弱，无论是学习习惯、学习能力，还是知识储备、眼界视野都有待提升，跟深圳的学生有较大差别，但他们质朴、纯真，与人为善。每次见面，他们真挚的问候、朴实的言语、稍显羞涩的举止，总会让我心底泛起涟漪，多么纯朴的孩子！

人生阅历的丰富。"读万卷书，行万里路"。以前，利用假期我走过不少地方，但时间都很短，多是浮光掠影。这次支教，时间长，沉下心来便是另一番景象。课余时间徜徉于小县城的大街小巷，漫步于乡村的田埂地头，领略陆河的青山绿水、客家的耕读文化、波澜壮阔的革命历史，让久在城市居住的我获得了额外的精神收获，让我的人生阅历更加丰富。

我的支教工作结束了，但这一年的支教生涯已融入我的生命中。对于陆河中学来说，也许我的到来不能改变什么，但至少为陆河中学带去了一缕清新的空气。